Zeit zum Vorlesen, Zeit zum Kuscheln
Die schönsten Vorlesegeschichten für die ganze Familie

Zeit zum Vorlesen, Zeit zum Kuscheln

Die schönsten Vorlesegeschichten für die ganze Familie

 Loewe

Vorwort

Vorlesezeit ist ein kostbarer Schatz: Unser Alltag wird immer hektischer, die Welt dreht sich immer schneller — umso wichtiger, sich auch mal ruhige Inseln zu schaffen, bewusst aufeinander einzugehen und miteinander zu sprechen. Und was eignet sich als Gesprächsanlass besser als eine wunderbare Geschichte, in die man gemeinsam versinkt und die einen alles um sich herum vergessen lässt?

Vorlesezeit ist Kuschelzeit! Zum Beispiel dann, wenn man ...

- es sich gemeinsam mit einem Buch auf dem Sofa gemütlich macht.
- abends im Bett vor dem Schlafengehen den Tag mit einer Geschichte ausklingen lässt.
- sich zwischendurch ein paar Minuten ganz bewusst zum Vorlesen und Erzählen Zeit nimmt.

Vorlesen ist ein wahres Wundermittel! Es ...

- unterstützt Kinder in ihrer Sprachentwicklung,
- erweitert den Wortschatz,
- stärkt die Ausdrucksfähigkeit,
- regt die Fantasie an,
- trainiert Konzentrationsvermögen und Gedächtnis.

Egal, wann und wie ... Kinder lieben es, gemeinsam in spannende Geschichten und fantastische Welten einzutauchen und dabei Nähe und Geborgenheit zu spüren!

Denn dann merken sie: Jetzt sind Mama oder Papa gerade ganz bewusst nur für mich da. So wird die Bindung zwischen Eltern und Kindern beim regelmäßigen Vorlesen gefestigt.

Auch Dinge, die Kinder beschäftigen, können mithilfe von Geschichten thematisiert werden. Denn Vorlesen bietet Raum für alle Fragen und hilft Eltern bei den Antworten und Erklärungen. Passende Geschichten erleichtern den Umgang mit herausfordernden Situationen und Problemen, die sonst nur schwer anzusprechen sind. Und auch besonders schöne Erlebnisse werden beim Vorlesen einer entsprechenden Geschichte gleich doppelt schön, wenn man sich gemeinsam daran zurückerinnert.

Also: Buch geschnappt und ab aufs Sofa! Genießen Sie die Familienzeit und lassen Sie sich vom Zauber des Vorlesens berühren!

Wir wünschen Ihnen und Ihren Kindern eine wunderschöne gemeinsame Zeit und viel Spaß beim Vorlesen!

Ihr Team Leseempfehlungen der Stiftung Lesen

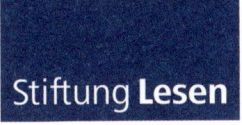

Geschichten erklären Kindern die Welt! Sie ...

- liefern Informationen und Wissen.
- regen Kinder dazu an, über den eigenen Tellerrand zu schauen.
- stärken sie in ihrem sozialen Verhalten.
- vermitteln wichtige Werte und haben oft eine zentrale Botschaft: Für Probleme gibt es Lösungen.

So lernen Kinder spielerisch die Welt und unterschiedliche Sichtweisen kennen.

ISBN 978-3-7432-0834-6
4. Auflage 2024
© 2020 Loewe Verlag GmbH, Bühlstraße 4, D-95463 Bindlach
Inhalte aus den im Quellenverzeichnis genannten Einzelbänden
© 1998–2005 Loewe Verlag GmbH, Bühlstraße 4, D-95463 Bindlach
Umschlagillustration: Dagmar Henze
Logoillustration: Dagmar Henze
Umschlaggestaltung: Johanna Mühlbauer
Druck und Bindung: DRUK - INTRO S.A.,
Swietokrzyska 32, 88-100 Inowroclaw, POLEN

www.loewe-verlag.de

Inhalt

Am Meer

Celina fährt mit Mama und Papa in den Urlaub. Zum ersten Mal nach Italien. Zum ersten Mal ans Meer. Wie es wohl ist in Italien? Wie es wohl aussieht – das Meer?

Der Weg nach Italien ist leider sehr weit. Die Reise will gar kein Ende nehmen.

Celina muss lange im Auto sitzen.

Manchmal schläft sie ein bisschen. Manchmal guckt sie aus dem Fenster. Manchmal schiebt Papa für sie eine CD ein und manchmal gibt Mama ihr ein Stück Schokolade. Manchmal spielen sie alle drei „Ich sehe was, was du nicht siehst". Trotzdem vergeht die Zeit viel zu langsam.

„Wann sind wir denn da?", fragt Celina immer häufiger. „Wie lange dauert es noch?"

Als sie endlich in Italien angekommen sind, als sie ihr Ferienhaus endlich gefunden haben, als sie endlich, endlich aussteigen, zappelt Celina vor Aufregung. Sie muss einfach herumspringen!

Es ist alles so anders als zu Hause, draußen und drinnen! Im Garten steht eine richtige Palme. Auf der Mauer sitzen zwei Katzen. Die Küche ist groß und dunkel. Das Bad ist klein und sehr bunt. Das Wohnzimmer hat einen

Kamin. Das Schlafzimmer liegt unter dem Dach. Celinas Zimmer liegt ganz woanders.

Wird sie sich in diesem Haus wohl jemals zurechtfinden? Während Mama und Papa die Koffer ausladen, rennt Celina den Flur entlang. Sie hopst die Treppen hinauf und hinunter. Sie reißt sämtliche Türen auf. Alles gefällt ihr. Oder gefällt es ihr nicht? In ihrem Bauch kribbelt es wie von tausend Ameisen.

„Wo ist mein Koffer?", ruft sie. „Ich brauche meine Puppe! Ich will meinen Ball! Wo sind die Strandsachen? Wann gehen wir zum Meer?"

„Nun mal langsam", sagt Mama.

„Immer mit der Ruhe", sagt Papa.

„Und jetzt hab ich Durst!", schreit Celina.

Mama seufzt. „Hol die Kühltasche rein! Da ist noch Sprudel drin. Einkaufen gehen wir später."

Celina holt die Kühltasche und nimmt den Sprudel heraus. Wo ist ein Glas? Sicher im Küchenschrank!

Celina schaut unten im Schrank nach. Aber da sind keine Gläser. Und an die oberen Türen kommt Celina nicht heran.

Sie schiebt einen Stuhl an den Schrank und klettert hinauf. Die Schranktür klemmt ein bisschen, aber dann lässt sie sich öffnen.

Celina lacht. Ja, da stehen Gläser. Mehr als sie zählen kann. Große und kleine. Sie greift nach dem ersten. Und dann – sie weiß selbst nicht, wie es passiert ist – liegt das Glas plötzlich am Boden. In tausend Scherben natürlich.

Celina weint. Sie hat in einem fremden Haus etwas kaputt gemacht. Etwas, das fremden Leuten gehört! Was werden Mama und Papa dazu sagen?

Mama und Papa sagen zuerst mal gar nichts. Sie gucken auf die Scherben am Boden und auf ihr weinendes Kind. Danach gucken sie sich gegenseitig an – und schließlich lachen sie einfach.

Wahrhaftig, sie lachen! Celina kann es nicht fassen.

Papa hebt sie vom Stuhl. „Schon gut!", sagt er. „Jetzt machen wir erst einmal Pause. Vom Balkon oben kann man das Meer sehen. Das wird dir gefallen."

Sie gehen die Treppe hinauf, durchs Schlafzimmer auf den Balkon. Und wirklich – da ist das Meer!

Celina sitzt auf der Brüstung und staunt. Papa hält sie gut fest. Mama nimmt ihre Hand.

Das Meer ist endlos und blau. Es schickt sanfte Wellen ans Ufer.

Und wenn man ganz still ist, hört man es rauschen.

Atmen und rauschen. Atmen und rauschen.

„Schön!", flüstert Celina. Sonst nichts.

Das Kribbeln in ihrem Bauch ist plötzlich verschwunden.

Die große Rutsche

Du hast dir wunderschöne Hausschuhe ausgesucht!", lobt die Verkäuferin. „Die würden mir auch gefallen."

Bea strahlt. „Die sind für den Kindergarten!", sagt sie stolz. „Nur noch einmal schlafen und dann fängt der Kindergarten wieder an. Da sind ganz viele Kinder und Spielsachen. Und wenn die Sonne scheint, dürfen wir im Garten spielen. Da steht eine große Rutsche. Ich trau mich auch schon runterzurutschen. Ganz alleine. Braucht mich keiner festzuhalten."

Die Verkäuferin lacht. „Hört sich klasse an!", meint sie. „Ich wünsch dir viel Spaß!"

Am nächsten Morgen kann Bea gar nicht schnell genug in den Kindergarten kommen. Bea ist in der Teddygruppe bei Steffi, der lustigsten Erzieherin von allen. Gleich am ersten Tag dürfen alle in den Garten.

Bea rennt sofort zu der großen Rutsche und klettert die Sprossen der Leiter hinauf. Mann, ist die hoch!

„Nun mach schon!", drängelt Robbi hinter ihr. „Oder traust du dich etwa nicht?"

„Klar trau ich mich!", sagt Bea. „Bei meiner Oma im Garten steht eine Rutsche, die ist mindestens tausend Meter hoch, die bin ich schon oft runtergerutscht."

Bea streckt Robbi die Zunge raus.

„Ist der blöd!", denkt Bea, aber ihre Beine zittern doch ein bisschen. Das mit der Riesenrutsche bei der Oma war ein bisschen geschwindelt. Denn dort im Garten steht eigentlich nur so eine ganz kleine Rutsche.

„Was ist, du Angsthase?", schreit Robbi.

Ganz viele Kinder stehen unten an der Rutsche und schauen zu Bea rauf.

Bea hält sich am Geländer fest. Auf einmal hat sie ein ganz komisches Gefühl im Bauch.

„Lasst Bea in Ruhe!", hört Bea Steffis Stimme. „Sie wird schon rutschen. Nicht wahr, Bea?"

Steffi lächelt Bea an. „Du kannst das ganz bestimmt! Ich bin hier unten und fang dich auf!" Steffi steht am Ende der Rutsche und breitet die Arme aus.

Da rutscht Bea los. Direkt in Steffis Arme.

Steffi fängt sie auf und wirbelt sie in der Luft herum.

„Was bist du für ein mutiges Mädchen!", freut sich Steffi.

„Ja, das bin ich!", antwortet Bea. „Und jetzt rutsche ich gleich noch mal!"

Hasengeburtstag

Hupsi, Hasi und Lupinchen sind Hasendrillinge und haben heute Geburtstag. Hupsi und Lupinchen singen: „Hasi in der Grube sitzt und schläft, sitzt und schläft, armes Häschen, bist so krank, dass du nicht mehr hüpfen kannst?"

„Ich bin nicht krank", ärgert sich Hasi. „Ich hab nur überlegt, was wir uns zum Geburtstag wünschen."

„Natürlich Geschichten, was denn sonst?", sagen die Geschwister.

„Au ja", schnauft Hupsi. „Gute Idee!"

Hupsi, Hasi und Lupinchen hoppeln ins Nest.

Familie Hase wohnt unter einem Weißdornstrauch im Brombeerdickicht. Da haben sie es sicher und gemütlich. Alles ist mit Hasenhaar und Heu gepolstert.

„Los, Hasi, hüpf, da kommen unsere Gäste!", ruft Hupsi.

Es sind Oma und Opa Wackelzahn, Onkel Mümmel und Tante Mümmeline, Cousine Flippi-Floppi und Meister Lampe.

„Nur immer hereinspaziert", sagt Papa Hase. „Zum Geburtstag gibt es Kohlkopftorte und Karottenkaffee."

„Und was kriegen wir geschenkt? Wir wollen viele Geschichten haben", rufen Hupsi, Hasi und Lupinchen.

Die Hasenfamilie setzt sich an einen Tisch und jeder erzählt der Reihe nach eine Geschichte. Den ganzen Nachmittag, bis es draußen dunkel wird.

Die Hexe der vier Jahreszeiten

Und jetzt werden zum Abschluss unseres Festes ein paar Zaubertricks vorgeführt", sagt die Oberhexe. „Du da, mit dem Flimmerkleid, zeig uns was!"

„Kennt ihr mich nicht? Ich bin die Hexe der vier Jahreszeiten", sagt die Flimmrige.

Ihr Gewand ist unten braun wie die Erde und oben blau wie der Himmel, dazwischen sind lauter Blüten, Blätter und Früchte. Sie hat eisgraue Haare und ganz feine Runzeln im freundlichen Gesicht.

„Passt gut auf!", sagt sie und geht in die Mitte. Dabei kullern Kraut und Rüben unter ihrem Kleid hervor.

Dann breitet sie die Arme aus und tanzt. „Links und rechts und vor und rück, Jahreszeiten sind ein Glück", singt sie dreimal.

„He", sagt die Oberhexe. „Bei mir schneit es." Sie zaubert sich sofort einen Schlitten, schreit „Juhu" und saust den grünen Hügel runter.

Die kleine Hexe sitzt im Frühjahrsviertel zwischen Tulpen und Narzissen und ihr lieber Kater Bärli jagt einem Schmetterling nach.

Die Stadthexe strampelt sich aus ihren warmen Klamotten, weil bei ihr die Sommerhitze so reinknallt. Die Landhexe streichelt einen rotgoldenen Riesenkürbis. Bei ihr ist es Herbst, ihre liebste Jahreszeit.

Jetzt kommt die Oberhexe mit ihrem Schlitten wieder zurück. Eiskristalle funkeln auf ihren Wimpern.

„Das war eine gelungene Überraschung, liebe Hexe der vier Jahreszeiten. Du hast uns mit deinem Zaubertrick alle sehr glücklich gemacht!"

Walpurgisnacht

Heißa, Walpurgisnacht! Von überall her sind die Hexen angereist. Ringsum in den Bäumen sitzt die Musik: Die Uhus wummern „Schu-hu-huu", „Kra-kra-krah" krächzen die Raben und schräge Nachtvögel pfeifen so schrill, dass es in den Ohren klirrt.

„Durst!", ruft die Kräuterhexe. „Wo ist der Holunderwein?"

„Bei mir", ruft die Oberhexe.

Die Kräuterhexe zapft sich einen Krug und bringt auch der kleinen Hexe einen kleinen Becher mit. Brrr, ist das bitter!

„Magst du lieber eine Schlüsselblumen-Limo?", fragt die Kräuterhexe.

Die kleine Hexe nickt dankbar.

Und jetzt packen alle Hexen leckere Sachen für die Party aus: Spinnenspeckbrote, geräucherte Blindschleichen, Käfer-Knusperriegel und Spinatkuchen mit Regenwurm-Rosinen.

„Probier mal mein Brennnessel-Brot", sagt die Kräuterhexe.

Die kleine Hexe rümpft die Nase. „Pfui Teufel, schmeckt das aber gesund."
Die Hexen fassen sich bei den Händen und hüpfen ums Feuer. Es lodert und flackert. Sie singen und jodeln ein Hexenlied nach dem anderen.

26

Kitzelkampf

Die kleinen Nixen tief unten im Meer sind immer lustig. Sie lachen und kichern, tanzen und singen, schwimmen und tauchen von früh bis spät.

Ach, wären doch alle um sie herum genauso lustig wie sie! Die Nixen mögen es gar nicht, wenn einer griesgrämig dreinschaut. Sie können es kaum aushalten, wenn einer knurrt. Sie würden am liebsten alle um sich herum zum Lachen bringen.

Das müsste doch möglich sein! Oder nicht?

Also, da ist zum Beispiel der Krake. Der alte, achtarmige Krake, der unter dem großen Korallenriff in einer Felshöhle wohnt.

Er zieht immer ein saures Gesicht, wenn er den Nixen auf dem Meeresgrund begegnet.

„Guten Tag, lieber Krake!", sagen die Nixen und drehen sich ausgelassen um ihn herum. „Willst du nicht mit uns tanzen?"

„Macht, dass ihr wegkommt!",
schimpft der Krake. „Und lasst mich
vorbei!"

„Aber Tanzen macht lustig", behaupten
die Nixen. „Du hast sicher schon lange
nicht mehr getanzt."

„Ich will nicht tanzen", knurrt der Krake.
„Ich will auch nicht lustig sein. Eins ist so
dumm wie das andere."

„Lach doch mal!", rufen die Nixen. „Lachen tut dir
ganz bestimmt gut."

Darauf gibt der Krake erst gar keine Antwort. Er verschränkt seine Arme
und schnaubt nur – verächtlich und böse.

Aber die Nixen geben nicht auf.

„Wir müssen ihn zwingen!", lacht die erste.

„Wir müssen seine Arme nehmen!", gluckst die zweite.

„Wir müssen ihn festhalten!", kräht die dritte.

„Wir müssen ihn kitzeln!", kichert die vierte.

„Ja! Ja! Ja! Ja!", rufen die anderen.

Sofort fallen die kleinen Nixen über den alten Kraken her. Alle vier. Jede
packt einen Arm. Und nun kitzeln sie ihren Gefangenen. Überall.

Der Krake wehrt sich. Er schreit und schimpft, brüllt und faucht, zetert
und knurrt. Vor lauter Wut wird er knallrot. Aber es nützt nichts. Die
Nixen kitzeln und kitzeln und kitzeln.

Soll das immer so weitergehen? Der Krake jammert. Doch aus dem Jammern wird plötzlich ein Quietschen. Und aus dem Quietschen – ein Lachen! Ja, wirklich, der Krake lacht! Er kann nicht anders. Er muss lachen und lachen und lachen.

Als die Nixen ihn endlich loslassen und mit dem Kitzeln aufhören, lacht der Krake immer noch.

Die vier Nixen schauen sich zufrieden an. Der Krake sieht jetzt richtig nett aus.

Freddy Fuchs will fernsehen

Der Hahn kräht, die Hennen gackern und Freddy Fuchs hat Hunger. Aber der Bauer hat ein Gewehr und der Hühnerhof einen Zaun. Nichts zu machen.

Freddy Fuchs läuft das Wasser im Mund zusammen. Nur ein einziges kleines weißes Hühnchen, denkt er.

„Putt, putt, putt", macht Freddy Fuchs vor dem Zaun. „Putt, putt, putt. Komm her, du kleines Hühnchen!"

Das kleine weiße Hühnchen sagt: „Was hast du zu bieten, Freddy? Am liebsten mag ich Weizenkörner."

Tja, wo krieg ich die jetzt her?, denkt der Fuchs.

„Wie wär's stattdessen mit einem kleinen Ausflug", schlägt er vor. „Ich zeig dir die große weite Welt."

„Nein, danke", sagt das kleine weiße Hühnchen. „Die große weite Welt kenne ich schon. Wir haben nämlich einen Fernseher im Hühnerhaus. Magst du nicht reinkommen und zuschauen? Jetzt läuft gerade die Sendung mit der Maus."

„Aber gerne", sagt Freddy Fuchs und freut sich schon.

Das Hühnchen schreit: „Bauersfrau, mach die Tür auf, der Fuchs will fernsehen!“

Da kommt die Bauersfrau herausgelaufen und haut Freddy Fuchs ihren Besen auf den Kopf. „Aua, aua“, jammert er.

Freddy schafft's gerade noch zurück zum Wald. „Verflixt, das kleine weiße Hühnchen war zu schlau für mich.“

Zappel-Philipp

Philipp sitzt nie und nirgendwo still. Nicht auf dem Stuhl und nicht auf dem Sofa, nicht beim Essen und nicht beim Erzählen, nicht beim Vorlesen und nicht beim Fernsehen.

Alle seufzen und nennen ihn Zappel-Philipp. Kein Wunder!

Vor ein paar Tagen hat Philipp eine kleine Schwester bekommen – die niedlichste kleine Schwester der Welt. Sie heißt Maja und hat ganz helle Haare, seidenglatt wie ein Flaum. Sie hat tiefblaue Augen und rosige Ohren, weiche Bäckchen und ein knopfrundes Näschen, winzige Finger und drollige Zehen.

Alle finden Maja soooo niedlich.

Alle wollen sie auf den Schoß nehmen und eine Weile im Arm halten. Philipp auch.

Aber Mama sagt: „Ach, weißt du, sie ist noch zu klein."

Und Papa sagt: „Kleine Babys sind sehr empfindlich."

Tante Bibi sagt: „Du lässt sie wahrscheinlich fallen."

Onkel Frank sagt: „So ein Zappel-Philipp wie du!"

Ja, das ist es, was alle denken! Ob sie wohl recht haben?

Philipp kann ja tatsächlich nicht still sitzen. Das weiß er selbst nur zu gut. Er widerspricht also nicht. Er steht nur da und ist traurig. Er schaut zu, wie die anderen seine kleine Schwester im Arm halten, und wünscht sich, er dürfte das auch.

Er merkt nicht, dass Oma ihn anschaut. Aber er hört, wie sie sagt: „Lasst es ihn doch mal versuchen!"

Philipp kann es kaum fassen. Meint Oma tatsächlich ihn?

Ja, wirklich! Zuerst drückt sie Philipp in einen Sessel, dann legt sie ihm Maja auf den Schoß und in die Arme.

Philipp wagt kaum zu atmen. Er hält seine kleine Schwester ganz ruhig.

Sie ist so weich und so warm. Sie ist so klein und so niedlich.

Jetzt schlägt sie die Augen auf – aber sie schreit nicht. Sie schaut ihn nur aufmerksam an.

„Hallo, Maja!", sagt Philipp. „Keine Angst, ich lass dich nicht fallen. Ich bin ja dein großer Bruder."

Er vergisst seinen Kummer.

Er vergisst alle, die um ihn herumstehen. Und das Zappeln vergisst er auch!

Auf dem Bauernhof

An einem schönen Sommertag besucht die kleine Maus Agathe ihre Cousine Polly auf dem Bauernhof.

„Komm, ich zeig dir alles", sagt Polly zu Agathe.

Als die beiden am Misthaufen vorbeilaufen, hören sie plötzlich lautes Krähen: „Kikeriki! Kikeriki!"

„Das ist unser Hahn Herbert", erklärt Polly. „Der kann ganz schön laut krähen."

„Das kann ich auch", sagt Agathe und kräht los. Aber weil sie kein großer Hahn ist, sondern nur eine kleine Maus, klingt ihr Krähen ganz leise. „Kikeriki! Kikeriki!"

Polly macht auch mit und die beiden kleinen Mäuse krähen im Chor.

Dann trippeln die Mäuse zum Schweinestall. Dort liegt eine dicke Sau im Stroh, direkt neben dem Trog.

„Das ist Rosa, unser Schwein", sagt Polly zu Agathe.

Als Rosa die beiden Mäuse entdeckt, fängt sie laut an zu grunzen.

Von Rosas Grunzen angelockt, kommen ihre Ferkel angerannt. Es sind zehn Stück! Sie quieken alle durcheinander, das ist ganz schön laut.

„Gibt es auf eurem Bauernhof auch Kühe?", fragt Agathe neugierig.

Polly nickt. „Na klar, komm mit."

Die beiden Mäuse laufen zur Weide. Und tatsächlich – da steht eine große Kuh. Sie kaut in aller Ruhe ihr Gras und dann macht sie plötzlich: „Muh! Muh!"

„Das ist unsere Kuh Dora", erklärt Polly. „Und da hinten kommen Berta und Lila."

Die drei Kühe muhen jetzt zusammen um die Wette. Das klingt wie ein richtiger Kuh-Chor!

„Bei euch auf dem Bauernhof ist ganz schön was los", sagt Agathe zu Polly. „Ich glaub, ich brauche jetzt erst mal eine kleine Pause."

„Da weiß ich was", sagt Polly und läuft los.

Sie führt Agathe zu einer Wiese am Waldrand. Hier ist es ganz still. Die beiden Mäuse kuscheln sich nebeneinander ins Gras. Eine Biene fliegt mit einem leisen Summen über die beiden hinweg.

Und der Wind rauscht in den Baumwipfeln.

Bald fallen Agathe die Augen zu und sie schläft ein.

Aber was ist das für ein Geräusch? Es ist so leise, dass man es nur hören kann, wenn man ganz doll die Ohren spitzt: Genau! Agathes leises Mäuseschnarchen.

Die Rose und das Stinktier

Es war einmal eine Rose. Und obwohl sie wunderschön aussah, war sie doch traurig, denn sie duftete nicht.

„Keins der Tiere bleibt stehen und riecht an mir!", seufzte die Rose. Und sie weinte eine große Tautropfenträne.

Das hörte ein Stinktier, das gerade vorbeikam. „Vielleicht kann ich dir helfen!"

„Oh ja!", bat die Rose.

Da besprühte das Stinktier die Rose mit seinem Stinktier-Parfüm. „Natürlich duftest du nicht wie andere Rosen!", meinte es. „Wie dufte ich dann?", fragte die Rose neugierig. Denn Rosen selber haben ja keine Nasen.

Das Stinktier schnupperte. „Ich finde, du riechst ganz fantastisch!", sagte es. Die Rose strahlte und faltete ihre zarten Blütenblätter noch etwas weiter auseinander.

Kam von nun an ein Stinktier bei der Rose vorbei, blieb es stets stehen und roch an ihr. „Wie herrlich!", schwärmte das Stinktier dann.

Nun war die Rose rundum glücklich und zufrieden. Es wunderte sie zwar ein bisschen, dass immer nur Stinktiere an ihr schnupperten. Aber das konnte ja Zufall sein!

Lilo

Tante Katrin steht vor dem Spiegel, bürstet ihre Haare und schminkt sich die Lippen.

Jan kniet neben ihr und zieht seine Lieblingsschuhe an.

Heute ist Tanten-Tag. Da gehen Jan und seine Lieblingstante immer bummeln. Mal in den Spielzeugladen, mal in die Bücherei, mal in den Zoo und mal ins Kino. Tanten-Tag eben! Und am Tanten-Tag machen sich Katrin und Jan immer besonders schick.

Jan steckt seine Ente Lilo in den Rucksack. Lilo muss mit, Lilo will auch bummeln. Lilo hat einen ganz langen Entenhals, und der hängt aus Jans Rucksack heraus, damit Lilo alles mitbekommt.

Katrin bürstet Jan die Haare und setzt dann ihre Sonnenbrille auf.

Jan verwuschelt sich die Haare wieder und setzt auch seine Sonnenbrille auf.

„Katrin, wir sehen echt stark aus!", meint Jan, als sich die beiden vor dem großen Spiegel im Flur begutachten. Jetzt kann der Tanten-Tag beginnen!

„Quak, quak, quak!", sagt Lilo, als Jan und seine Tante an einer Eisdiele vorbeikommen.

„Was will denn die Ente?", fragt Katrin.

„Die Ente will ein Eis", übersetzt Jan.

„Was für eine gute Idee von Lilo!", sagt seine Tante überrascht. „Es ist ja auch wirklich ziemlich heiß heute!"

Und schon lecken die drei Stadtbummler an ihrem Eis. Lilo und Jan teilen sich ein Vanilleeis. Das mag Lilo am liebsten.

„Quak, quak, quak!", meldet sich Lilo wieder zu Wort, als die drei an der Bücherei vorbeikommen.

„Was sagt Lilo jetzt?", fragt Katrin neugierig.

„Lilo möchte, dass du uns was vorliest!", übersetzt Jan und zieht seine Lieblingstante in die Bücherei.

Jan kennt die Bücherei gut. Am schönsten ist die Leseecke mit dem großen, roten Sofa und den gemütlichen Kissen.

Katrin liest Lilo und Jan eine lange, spannende Piratengeschichte vor.

Jan muss Lilo in den Arm nehmen, damit sie sich nicht gruselt. „Ich beschütz dich schon!", beruhigt Jan seine Ente und rückt ein bisschen näher an Katrin heran. Die legt ihren Arm um Jan und Lilo. Katrin beschützt Lilo auch.

Nach dem Vorlesen geht der Stadtbummel gleich weiter.

Vor dem Spielzeugladen trifft Katrin eine Freundin. Die beiden erzählen und lachen und erzählen.

Jan möchte aber so gern in den Laden hineingehen. Schließlich muss Lilo sich noch unbedingt ein neues Puzzle aussuchen.

Lilo wird schon ungeduldig. „Quak, quak, quak!", sagt sie deshalb.

Aber Katrin hört sie nicht.

„Quak, quak, quak!", bringt sich Lilo noch einmal in Erinnerung.

„Was will die Ente?", fragt Katrin endlich.

Jan übersetzt Lilos Frage: „Die Ente will wissen, wann die dumme Gans wieder geht!"

Tante Katrin hebt die Augenbrauen und schaut Jan durchdringend an. „Da hab ich mich ja wohl eben verhört!", sagt sie nur.

Jan fühlt sich ungemütlich. Wenn Katrin so schaut, ist Ärger im Anmarsch. Hoffentlich hält Lilo jetzt ihren Mund und sagt nicht noch mal „dumme Gans" zu der dummen Gans.

Jan kann ja gar nichts dafür. Katrin hat schließlich gefragt, was Lilo gesagt hat, und er hat es nur übersetzt. Weil seine Tante keine Entensprache kann. Und die dumme Gans bestimmt auch nicht.

Lilos Hals hängt schon völlig schlapp von der langen Warterei aus dem Rucksack, als Katrin endlich wieder Zeit für die beiden hat.

Jan ist sauer. Am Tanten-Tag gehört seine Tante doch ihm. Und Lilo natürlich. Aber sonst niemandem. Basta! Katrin soll ruhig merken, dass Jan sauer ist.

Er trödelt und läuft so langsam, dass Katrin ihn ziehen muss. „Soll Katrin sich ruhig ärgern", denkt Jan. „Geschieht ihr ganz recht. Mir doch egal!"

Tante Katrin steuert auf eine Parkbank zu und setzt sich. „Gib mir mal Lilo, ich muss mit ihr reden!", fordert sie.

Jan nimmt die Ente aus dem Rucksack und gibt sie Katrin. Oh, oh, das sieht nicht gut aus. Arme Lilo!

„Hör mal, Lilo!", sagt Katrin und schaut Lilo fest in die Augen. „Auch wenn du dich ärgerst oder mal warten musst, ‚dumme Gans' will ich von dir nicht mehr hören!"

Lilo antwortet nicht. Sie fühlt sich so ungemütlich, dass es ihr die Sprache verschlagen hat.

Deshalb antwortet Jan für Lilo: „Lilo hat dich schon verstanden. Ist ihr ja vorhin auch bloß so rausgerutscht! Sei ihr doch bitte nicht mehr böse! Sie hat dich doch lieb!"

„In Ordnung! Ich hab euch beide ja auch lieb!", lächelt Katrin, und Lilo wirkt auf einmal sehr erleichtert. Sie darf wieder in Jans Rucksack zurück und zeigt sich den Rest des Tages nur noch von ihrer besten Seite.

Muttertag

W ie wollen wir morgen zum Muttertag Mama überraschen?", fragt Papa am Samstagabend.

Lisi setzt sich zu Papa auf das große, grüne Sofa. Wenn's gemütlich ist, kann man nämlich besser nachdenken.

„Wir könnten ihr eine Krone basteln, dann sieht sie aus wie eine Prinzessin!", schlägt Lisi vor. „Oder wir pflücken ganz viele Gänseblümchen!" Lisi stützt die Arme auf ihre Knie und grübelt weiter.

Und da hat sie eine tolle Idee: „Ich geh ganz allein zum Bäcker Bommel und hole ihr die knusprigen Brötchen zum Frühstück, die sie so gerne mag."

„Kannst du das denn?", fragt Papa und runzelt die Stirn.

Lisi nickt stolz. „Ich bin mit Mama schon oft bei Bäcker Bommel gewesen. Ich muss gar nicht über die Straße."

Papa findet die Idee prima.

Am nächsten Morgen schleichen Papa und Lisi ganz leise aus dem Haus.

Papa winkt Lisi nach.

In Bäcker Bommels Laden stehen schon viele Leute.

Lisi stellt sich an. So, wie sie es mit Mama immer macht. Ganz hinten, ans Ende der Schlange.

Endlich ist sie an der Reihe.

„Wer kommt dran?", fragt die Verkäuferin in die Runde. Aber ehe Lisi antworten kann, drängelt sich eine Frau vor.

Lisi ärgert sich, aber sie sagt nichts. Doch als sich auch noch ein Mann vordrängelt, wird es Lisi zu viel. Sie nimmt all ihren Mut zusammen.

„Ich bin jetzt dran!", sagt sie ganz laut zu der Verkäuferin.

Jetzt erst bemerkt die Verkäuferin Lisi. „Ach, dich habe ich ganz übersehen bei den vielen Leuten hier!", meint sie. „Das tut mir leid! Wie gut, dass du etwas gesagt hast. Was kann ich dir denn geben?"

„Ich will Brötchen für meine Mama. Ganz knusprige. Weil sie die so gern mag! Heute ist nämlich Muttertag und ich hole die Brötchen ganz alleine, weil ich das schon kann!", erklärt Lisi.

Die Leute im Laden lachen.

Und die Verkäuferin lacht auch. Sie sucht die allerknusprigsten Brötchen aus und schenkt Lisi sogar noch einen Maikäfer aus Schokolade.

Zu Hause wartet Papa schon auf Lisi. Er hat inzwischen den Frühstückstisch gedeckt und extra für Mama ganz viele Rosenblätter auf den Tisch gestreut.

Dazu stellt Lisi ihre Knusperbrötchen.

Mama freut sich sehr. „Wie geht es mir heute gut!", lacht sie und nimmt Lisi und Papa in den Arm.

Als Lisi ihr erzählt, dass sie die Knusperbrötchen ganz allein geholt hat, ist Mama richtig stolz auf Lisi.

„Das sind die knusprigsten Knusperbrötchen, die ich je gegessen habe!", sagt sie.

Und dann knuspern alle drei um die Wette.

Oma

Lotta ist ganz in Gedanken versunken. Sie malt. Lotta malt Lotta. Mit ihrem Lieblingskleid und den neuen Lackschuhen, die Oma ihr zum Geburtstag geschenkt hat.

Oma ist die allerliebste Oma, die es gibt. Sie duftet nach Kuchen und erzählt die allerschönsten Märchen. Und wenn es nachts blitzt und donnert, darf Lotta unter Omas Bettdecke krabbeln und sich in ihren Armen sicher fühlen. Oma gehört einfach zu Lotta. Deshalb muss Oma auch auf Lottas Bild!

Da gibt es nur ein Problem: Oma passt nicht mehr aufs Bild. Das ganze Bild ist schon voller Lackschuh-Lotta. Zu dumm!

Lotta schaut sich um. Aber sie findet kein Papier mehr. Nicht unter dem Bett, nicht auf der Kommode.

Da fällt Lotta etwas ganz Tolles ein: Lotta wird Oma einfach auf die Wand malen! Oma ist ja viel größer als Lotta und passt sowieso nicht auf ein kleines Stück Papier.

Lotta lacht. Sie wird Oma auf die Wand über ihrem Bett malen. Da kann Lotta sie immer sehen und Oma kann Lotta immer beschützen.

Lotta klettert auf ihr Bett und malt. Lotta malt Oma. Mit ihrer großen Handtasche, in der

immer eine kleine Überraschung für Lotta steckt, und mit weit ausgebreiteten Armen. Arme und Hände, die Lotta erwarten und streicheln und trösten und kitzeln können.

Es wird ein sehr schönes Bild. Lotta ist sehr zufrieden mit sich und Oma. Sie springt vom Bett und sieht sich das Bild aus der Ferne an.

Oma über Lottas Bett, das ist gut.

Oma mit einladenden Armen, das ist wunderbar.

Oma an der Wand … Lotta wird nachdenklich. Oma an der Wand, das ist vielleicht doch nicht so gut. Hoffentlich bekommt Lotta jetzt keinen Ärger mit Mama. Denn die mag es gar nicht, wenn Lotta auf die Wände malt!

„Lotta, kannst du mal bitte …" Mama steht in der Kinderzimmertür und bricht mitten im Satz ab. Mit blitzenden Augen schaut sie auf Lotta und auf das Bild an der Wand und auf den Wachsmalstift in Lottas Hand.

Lotta ist furchtbar erschrocken. „Ich, ich wollte die Oma …", flüstert sie leise. Aber Mama will gar

nicht hören, was Lotta wollte. „Lotta", schimpft sie los, „dein Zimmer ist gerade frisch gestrichen!"

In Lottas Bauch drückt und zwickt es. Es ist gar nicht schön, wenn Mama so ärgerlich ist.

„Was ist denn hier los?", will Papa wissen, als er ins Kinderzimmer kommt.

Mama zeigt auf Lottas Bild. „Schau dir das an. Auf der frisch gestrichenen Wand. Das hat gerade noch gefehlt!"

„Oh", schmunzelt Papa, „das ist ja Oma! Ja, das finde ich auch, das hat noch gefehlt. Die Wand sah vorher wirklich langweilig aus. Dass ich da nicht selber drauf gekommen bin. Wartet mal, ich habe noch eine Idee."

Papa läuft in den Keller und kommt gleich darauf mit einem großen bunten Bilderrahmen wieder. Er hält ihn um Lottas Gemälde. „Sieht das nicht toll aus?"

Da verfliegt Mamas Ärger. „Ihr seid mir schon zwei Schlawiner!", lacht sie.

Lotta ist sehr erleichtert.

Sie erzählt Mama und Papa, warum sie Oma unbedingt über ihr Bett malen wollte.

Und Mama muss Lotta zeigen, wie man „Ich hab dich lieb" schreibt. Denn das will Lotta noch zu Omas Bild dazuschreiben.

Wer wird Gurgelkönig?

Die Frösche im großen Froschteich quaken mal wieder alle durcheinander.

„Quak, quak – ich kann am lautesten quaken!", ruft Fredo Frosch.

„Quak, quak – nein, ich!", schreit Freddi Frosch.

„Quak, quak – hört ihr nicht, dass ich am lautesten quaken kann?", quakt Frieda Frosch.

Der kleine Frosch Quaki kann das ewige Gequake nicht mehr hören – immer derselbe Streit! Er springt auf ein Seerosenblatt mitten im Teich und ruft: „Quaken kann doch jeder – aber wer kann die schönsten Lieder gurgeln?"

Schnell schlürft Quaki ein bisschen Teichwasser und legt los.

Die Frösche sind begeistert von Quakis Idee, ihren Streit haben sie schon längst vergessen.

Jetzt will jeder einmal gurgeln, und die anderen hören genau zu und versuchen, die Melodie zu erkennen. Aber das ist manchmal gar nicht so leicht.

„Schluss für heute!", ruft Quaki, als er wieder an der Reihe ist. „Sonst haben wir gleich den ganzen Teich leer getrunken."

„Und wer hat jetzt gewonnen?", fragt Frieda Frosch.

„Ich natürlich", quakt Fredo Frosch.

„Nein, ich!", übertönt ihn Freddi Frosch.

„Alle haben gewonnen", sagt Quaki schnell, bevor die anderen Frösche wieder anfangen zu streiten. „Hiermit ernenne ich jeden Frosch in diesem Teich zum Gurgelkönig auf Lebenszeit!"

Prinzessin Wirbelwind

Es war einmal eine kleine Prinzessin, die benahm sich überhaupt nicht so, wie es sich für eine Prinzessin gehört. Sie war laut und wild und tobte von morgens bis abends durchs Schloss, sogar wenn Besuch da war.

Tagsüber störte sie ihren Vater, den König, mit ihrem Lärm oft beim Regieren, und wenn sie schlafen gehen sollte, machte sie immer ein grässliches Theater.

Die Prinzessin war erst fünf Jahre alt. Aber sie hatte schon dreizehn Kinderfrauen gehabt. Keine hatte es länger als ein paar Monate bei ihr ausgehalten. Die letzte war vor drei Wochen gegangen.

Nun brauchte die Prinzessin wieder mal eine neue Kinderfrau. Aber es war gar nicht so leicht, eine geeignete Frau zu finden. Deswegen suchte der König auch lange vergeblich.

Endlich stellte sich eine Frau vor, die dem König recht gut gefiel. Sie kam unten aus dem Dorf, war rundlich und freundlich, konnte gut kochen und spannende Geschichten erzählen, und als die Prinzessin bäuchlings das Treppengeländer hinunterrutschte, stand sie unten und breitete die Arme aus. „Hallo, Prinzessin Wirbelwind!", rief sie lachend.

Der König war sehr zufrieden mit ihr und wollte nicht, dass sie das Schloss so schnell verließ wie ihre Vorgängerinnen. Deshalb erlaubte er ihr, seine Tochter so zu erziehen, wie sie es für richtig hielt.

„Gut!", sagte die neue Kinderfrau. Sonst nichts.

Am nächsten Tag ging sie mit der Prinzessin auf den Spielplatz unten im Dorf. Dort konnte die Kleine lärmen und toben, so viel sie wollte.

Und weil sie zum ersten Mal in ihrem Leben zusammen mit anderen Kindern spielen und herumrennen durfte, machte es ihr so viel Spaß wie noch nie. Sie konnte gar nicht genug davon kriegen.

Erst als es dunkel wurde, gingen die Kinderfrau und die Prinzessin zurück ins Schloss.

Beim Abendbrot saß die Prinzessin so artig und ruhig am Tisch, dass der König es gar nicht glauben konnte. Er sah sie immer wieder ganz besorgt an und fragte: „Du bist doch nicht krank, mein Kind?"

Die Prinzessin antwortete: „Nein, lieber Papa, es geht mir so gut wie noch nie."

„Und warum bist du dann so artig und ruhig?", fragte er weiter.

Sie antwortete: „Ich möchte eben so sein."

Da sah der König die Kinderfrau an und sagte: „Du hast wirklich ein Wunder vollbracht. Ich kenne meine eigene Tochter nicht wieder."

Die Kinderfrau schüttelte lächelnd den Kopf und antwortete: „Die Kleine durfte endlich einmal ein ganz normales Mädchen sein. Es ist kein Wunder, dass sie sich jetzt benimmt, wie es sich für eine Prinzessin gehört."

Sonntagsspaziergang

Es ist Sonntagnachmittag. Lukas hat schon mit all seinen Spielsachen gespielt. Jetzt möchte er gern fernsehen.

„Wie bitte?", fragt Mama. „Fernsehen? Mitten am Nachmittag? Und auch noch sonntags?"

„Nur ausnahmsweise!", bettelt Lukas. „Es kommt so ein lustiger Film. ‚Sechs Bären mit Zwiebel'. Der muss ganz toll sein, hat Timo gesagt. Timo guckt ihn auch mit seinen Eltern."

Aber Mama schüttelt den Kopf. „Wir gehen lieber spazieren."

„Hach, spazieren!", mault Lukas. „Das ist mir viel zu blöd!" Mit muss er trotzdem.

Papa lenkt das Auto bis an den Wald. Dort steigen sie aus.

Lukas mault immer noch. Er trödelt hinter seinen Eltern her und denkt an den Film, den er verpasst. „Sechs Bären mit Zwiebel". Fernsehen ist viel besser als Spazierengehen.

Schließlich setzen sich Mama und Papa auf eine Bank. Auch das noch! Ist das langweilig! Lukas bleibt vor der Bank stehen und schaut seine Eltern finster an.

Papa sagt: „Du kannst dich doch da vorn auf den Baumstumpf setzen und die Eichhörnchen füttern."

Lukas runzelt die Stirn. „Welche Eichhörnchen? Und womit soll ich sie überhaupt füttern?"

Papa greift in die Hosentasche. „Ich hab Nüsse mit. Die fressen sie dir aus der Hand."

Zögernd nimmt Lukas die Nüsse und hockt sich damit auf den Baumstumpf.

„Streck die Hand aus", sagt Mama, „und dann sitz ganz still!"

Lukas gibt keine Antwort. Immerhin tut er, was Mama gesagt hat. Er kommt sich zwar ziemlich blöd vor, aber probieren kann er's ja mal.

Er wartet und wartet. Der ausgestreckte Arm wird ihm schon schwer. „So'n Blödsinn!", denkt er. „Wie lange soll denn das noch dauern?"

Da flitzt plötzlich etwas vom nächsten Baum herunter, springt auf den

Boden, huscht näher, bleibt sitzen, zuckt mit dem buschigen Schwanz. Es ist wirklich ein Eichhörnchen! Und da kommt noch eins! Und noch eins! Es ist nicht zu glauben. Eins, zwei, drei, vier Eichhörnchen hocken in einiger Entfernung um Lukas herum und äugen aus blanken Augen herüber.

Papa sagt nichts. Auch Mama verhält sich ganz still.

Aber Lukas weiß, was er zu tun hat. Langsam, ganz langsam senkt er die Hand mit den Nüssen und hält sie den Eichhörnchen hin. Da kommt schon das erste …

Als alle Nüsse verschwunden sind, fragt Papa: „Na, tut es dir immer noch leid wegen ‚Sechs Bären mit Zwiebel'?"

Lukas schüttelt den Kopf. „Nein", sagt er. „‚Vier Eichhörnchen mit Lukas' waren ganz bestimmt besser."

Eine Geschichte für Hasi

Hasi hoppelt im Wald herum und trifft Robert Rabe.
„Ich hab heute Geburtstag", sagt Hasi. „Erzählst du mir eine Geschichte?"

„Ausnahmsweise", sagt Robert Rabe. „Also, ich mag Hasen gerne und hab sogar mal einen gerettet. Der Hase hieß Herbert. ‚Ach, wenn ich doch nur fliegen könnte', seufzte Herbert immer und starrte dabei in den Himmel.

Herbert war nicht blöd. Er wusste ganz genau, dass man nur mit Flügeln fliegen kann. Deshalb sammelte er Federn: schwarze von Raben, weiße von Gänsen, gestreifte von Habichten und grün schillernde Entenfedern.

Dann bastelte er sich eine tolle Flugmaschine. Als er damit fertig war, stieg er auf den höchsten Berg und schnallte sich das Gerät an.

Ein Adler, der in seinem Felsennest saß, lachte sich schief und krumm: ‚Haha, ein Hase will fliegen, haha!'

‚Na, warte', dachte Herbert. ‚Dir werd ich's zeigen.'

Er nahm Anlauf, breitete die Flügel aus und – flog. Jawohl, Herbert, der Hase, segelte elegant in den Lüften.

Das hielt der Adler nicht aus. Er wollte ihn fangen und streckte schon

seine gierigen Krallen aus, da
schlug Herbert einen Haken in
der Luft. Er kam ins Trudeln
und stürzte ab.

Aber ich flog unter ihn und
hab ihn gerettet, den tapferen
Flughasen, weil ich Adler nun
mal nicht leiden kann."

„Das war eine spannende
Geschichte", sagt Hasi und
hüpft weiter.

Das Wichtigste im Leben

Die kleine Ziege springt für ihr Leben gern die Felsen rauf und runter. Klick-klack, klingen ihre Hufe.

„Komm schnell zum Essen!", ruft ihre Mutter. „Es gibt leckere Kräuter."

„Ich hab keinen Hunger, Mama", sagt die kleine Ziege.

„Unsinn!", meckert ihr Vater. „Eine Ziege hat immer Hunger. Ein Häppchen geht schon noch rein."

„Mäh-bäh", macht die kleine Ziege, „ich mag aber gar kein Blatt, mäh-bäh!"

„Undankbares Kind!", meckert Papa. „So gut wie du haben wir es früher nicht gehabt. Bei uns gab es nur Disteln und Dornen. Probier doch mal!"

Aber die kleine Ziege springt einfach davon, klick-klack.

Da ist ja der kleine Elefant! Er trägt einen Blumenstrauß im Rüssel. „Magst du?", fragt er.

Die kleine Ziege schüttelt sich. „Alle denken immer nur ans Essen. Das kann doch nicht das Wichtigste im Leben sein."

„Natürlich nicht", sagt der kleine Elefant und riecht an den Blumen. Er schiebt sich einige ins Maul und kaut versonnen. „Was ist denn das Wichtigste im Leben?"

„Springen", sagt die kleine Ziege sofort.

„Dann spring mal", sagt der kleine Elefant.

Und die kleine Ziege springt auf ihn hinauf. „He, du bist grau und stark wie ein Felsen", lacht sie.

„Und dein Freund", sagt der kleine Elefant. „Freunde sind auch was Wichtiges im Leben." Zufrieden kaut er noch ein paar Blumen.

Tierbabys

Das kleine Murmeltier hoppelt neugierig die Gipfelwiese zur Arche hinauf. Frau Noah schüttelt gerade die Betten aus und Herr Noah steigt eilig die Schiffsleiter hinunter.

„Ich muss mich unbedingt um die Elefanten kümmern", sagt er.

„Elefanten", schreit Murmeltier. „He, Herr Noah, was sind denn Elefanten?" Weil Murmeltier die Zeit auf der Arche total verschlafen hat, weiß er natürlich nicht, was Elefanten sind.

„Das wirst du gleich sehen", sagt Herr Noah und öffnet ein großes Tor im Bauch der Arche.

Murmeltier stößt vor Erstaunen einen lauten Pfiff aus. Ach du großer Schreck! Herr Noah führt zwei graue Riesen heraus, mit Beinen, jedes so dick wie ein Baumstamm. Im Gesicht haben sie einen dünnen Baumstamm hängen, der ist sogar beweglich. Damit rupfen sie gleich das beste Gras von der Wiese weg.

„He, Herr Noah", ruft Murmeltier, „warum gehen die Elefanten nicht heim? Sie fressen ja alles kahl auf meinem Berg."

„Darum nicht", sagt Herr Noah und deutet auf einen Winzling zwischen den Baumstammbeinen von Mutter Elefant. „Das ist der kleine Elefant, siehst du?"

Murmeltier überlegt: „Sicher kann er noch nicht so weit laufen, bis in den Dschungel und so."

„Richtig", sagt Frau Noah. Sie guckt von der Arche runter. „Magst du nicht raufkommen, Murmeltier, und dir die anderen Babys anschauen? Wir haben gestern früh vier neue gekriegt."

„Da bin ich aber neugierig", sagt Murmeltier.

Der kleine Löwe

Murmeltier klettert eilig die Schiffsleiter hinauf. „Nur hereinspaziert", sagt Frau Noah freundlich.

Im Inneren der Arche gibt es viele Zimmer, eins davon ist das Kinderzimmer. Frau Noah klopft leise an.

„Uuaah", tönt es.

„Sie ist wach", sagt Frau Noah. „Wir dürfen reinkommen."

Eine schöne Löwin, gelb wie eine Sonnenblume, streichelt mit ihrer Zunge vier winzige Löwenbabys. Sie haben sich an ihren Bauch gekuschelt und saugen gute Löwenmilch. „Hört mal, wie sie schmatzen", sagt Mutter Löwe.

„Es schmeckt ihnen", sagt Frau Noah. „Darf ich Murmeltier eins zeigen?" Mutter Löwe nickt und Frau Noah nimmt ein Baby hoch. Plötzlich stürzt ein riesiger Löwe ins Kinderzimmer. Murmeltier verschwindet wie der Blitz in der Spielzeugkiste.

Mächtig und prächtig steht der Löwe da und brüllt: „Darf ich jetzt endlich auch mal meine Kinder sehen?"

„Aber ja", sagt Frau Noah und zeigt ihm den kleinen Löwen in ihrem Arm: „Ist er nicht süß?"

„Kommt mir ein bisschen mickrig vor", knurrt Vater Löwe.

„Er ist nicht mickrig, Leo", grollt die Löwin. „Der Kleine ist für sein Alter sehr kräftig. Du hast von Babys null Ahnung!"

„Ist ja gut", sagt Frau Noah. „Streitet euch nicht!"

Vater Löwe schnuppert an seinem Söhnchen. „Er riecht richtig." Da maunzt der Baby-Löwe wie ein Kätzchen. „Gut gebrüllt, kleiner Löwe", sagt sein Vater stolz.

Murmeltier lacht leise.

Eine Geschichte für Hanni Hase

Bei einem Spaziergang begegnet Hanni Hase einer Schnecke. „Hallo, ich bin Hanni, erzählst du mir eine schöne Geschichte?"

„Ich kannte mal ein Häschen", fängt die Schnecke an, „das hieß Hanni wie du. Es wollte seine Oma besuchen, die ganz allein hinterm Wald wohnte.

Und in dem Wald lebte eine Fee. Es war eine grüne Fee. Sie sah aus wie eine kleine Paprikaschote. ‚Komm mit', sagte die Fee. ‚Ich schenk dir süßen Klee.'

Aber Hanni wollte ihre Oma nicht warten lassen. ‚Tut mir leid, keine Zeit', sagte Hanni.

Da säuselte die Fee: ‚Oder willst du tolle Ohrenwärmer?'

‚Nein!', sagte Hanni.

Aber die Fee ließ nicht locker. ‚Möchtest du vielleicht Karotten?' Sie drückte Hanni ganz fest an sich. Jetzt hatte Hanni genug.

‚Lass mich in Ruh!', rief sie und zwickte die Fee.

‚Aua', schrie die Fee. ‚Du bist gemein!'

‚Bin ich nicht', sagte Hanni empört. ‚Ich muss mich doch wehren.'

‚Stimmt eigentlich', sagte die Fee. ‚Ich bin manchmal echt etwas anstrengend.

Musst du wirklich schon gehen? Ich bin nämlich so allein.'

,Komm doch mit zu meiner Oma', sagte Hanni.

,Gute Idee!', sagte die Fee.

Die Oma mochte die Fee auf Anhieb. Da waren alle beide nicht mehr allein.

Hanni hoppelte froh nach Hause."

„Das tu ich jetzt auch", sagt Hanni.

„Tschüss, Schnecke! Und einen schönen Tag wünsch ich dir."

Der freche Kobold

Im Wald lebte ein Kobold, der allen Tieren im Wald freche Streiche spielte. Da beschlossen die Tiere eines Tages, den Kobold selber einmal hereinzulegen. An einem Herbstmorgen klingelte die Elster beim Kobold und jammerte: „Herr Kobold, Sie müssen mir helfen! Mein Glitzerstein ist in Ihre Regentonne gefallen."

„Denkste!", lachte der Kobold und knallte der Elster die Tür vor dem Schnabel zu. Kaum aber war die Elster weggeflogen, rannte der Kobold zur Regentonne und sprang mit einem Satz hinein, um sich den Glitzerstein zu holen! Doch – ihhh! – was war das denn? In der Tonne war ja gar kein Regenwasser, sondern lauter klebriges Zeug! Kein Wunder, denn die Tiere hatten die Tonne mit Tannenharz und Honig gefüllt. Als nun der pappige Kobold triefend aus der Tonne kletterte, stürmten die Tiere aus ihrem Versteck und bewarfen den Kobold mit buntem Laub. Schließlich war der Kobold über und über mit Blättern beklebt. Bedröppelt stand er da. „Ab sofort bin ich brav!", versprach er kleinlaut. Und das war der Kobold auch – aber nur, bis er alle Blätter wieder abgeschüttelt hatte!

Wieder Freunde!

Der kleine Braunbär und der kleine Schwarzbär sind gute Freunde. Sie streiten sich nie. Na ja, fast nie. Eigentlich nur ausnahmsweise. Wenn sie schlechte Laune haben zum Beispiel. Oder wenn ihnen langweilig ist.

Heute sind der kleine Braunbär und der kleine Schwarzbär alle beide wirklich brummig. Deshalb streiten sie sich um einen Tannenzapfen. Um einen besonders schönen natürlich! Er ist glatt und fest, blank und braun. Noch niemand hat jemals einen so wundervollen Tannenzapfen gesehen!

„Er gehört mir!", sagt der kleine Braunbär.

„Nein, mir!", sagt der kleine Schwarzbär.

„Ich habe ihn zuerst gesehen!", behauptet der kleine Braunbär.

„Aber ich habe ihn aufgehoben!", behauptet der kleine Schwarzbär.

„Gib ihn sofort her!", knurrt der kleine Braunbär.

„Wieso denn?", knurrt der kleine Schwarzbär.

Also fängt der ganze Streit wieder von vorn an. Zuerst streiten die zwei nur mit Worten. Dann knuffen sie sich in den Bauch.

Und nun kugeln sie über den Waldboden.

Der kleine Braunbär und der kleine Schwarzbär gucken weder nach rechts noch nach links. Kein Wunder, dass sie bei all dem Streiten, Knuffen und Kugeln gegen eine große Tanne stoßen! Und dass da plötzlich viele, viele Tannenzapfen auf sie herunterprasseln! Auf den Kopf, auf den Rücken, auf den Bauch, auf den Po und überallhin.

Mit einem Mal sitzen die Bärenjungen ganz still und gucken sich an. Zuerst sehr finster. Aber dann müssen sie lachen. Um sie herum liegen lauter wundervolle Tannenzapfen. Glatt und fest, blank und braun. Einer noch schöner als der andere. Man muss sie nur einsammeln. Und danach kann man sie ganz prima miteinander teilen.

Die Perlen der Prinzessin

Ritter Rosenstolz öffnet die Tür zum Burgverlies und schielt vorsichtig hinein. Puh, ist das dunkel hier! Zum Glück hat er daran gedacht, eine Kerze mitzubringen. Schnell zündet er sie an und betritt das Verlies. Die Kerzenflamme verbreitet flackerndes Licht und Schatten tanzen über die Wände. Alles ist voller Spinnweben.

„Igitt", murmelt Ritter Rosenstolz und bekommt unter seiner Rüstung eine Gänsehaut. „Ich hasse Spinnen!"

Am liebsten würde er gleich wieder hinauf ins Schloss laufen und mit der Prinzessin eine Tasse Tee trinken – aber das geht natürlich nicht. Schließlich steht seine Ehre auf dem Spiel. Prinz Klaus hat doch tatsächlich behauptet, dass Ritter Rosenstolz nicht genug Mut hat, um allein ins Burgverlies zu gehen und die Kette der Prinzessin zurückzuholen, die Prinz Klaus dort versteckt hat. Im Burgverlies wohnt nämlich das Schlossgespenst.

„So ein Quatsch! Natürlich trau ich mich!", hat Ritter Rosenstolz zu Prinz Klaus gesagt. „Und dann suche ich das Schlossgespenst und sag ihm, dass es nachts mal bei dir spuken soll!"

Die Kette der Prinzessin hat Ritter Rosenstolz schnell gefunden. Aber das

Schlossgespenst lässt sich nicht blicken. Vielleicht spukt es heute ja auswärts.

Durch alle Ritzen der Rüstung spürt Ritter Rosenstolz die Kälte im Verlies. „Ich geh wieder nach oben", beschließt er zitternd. „Jetzt kann der blöde Klaus nicht mehr behaupten, dass ich ein Angsthase bin. Und für das Gespenst lasse ich eine Nachricht hier, falls es später zurückkommt."

Der Ritter holt ein Stück Kreide aus seiner Rüstung und schreibt in großen Buchstaben an die Wand:

„Hallo, Schlossgespenst!
Ich war hier, aber Du nicht.
Ich bin kein Angsthase.
Kannst Du nicht mal bei Klaus spuken?
Danke und viele Grüße
Dein Ritter Rosenstolz."

Zufrieden betrachtet der Ritter seine Nachricht. Dann dreht er sich um und geht zur Tür. Aber plötzlich weht ein Windhauch vom Flur herein und die Kerze geht aus.

„Mist!", ruft der Ritter und reißt vor Schreck die Arme hoch.

Dabei verhakt sich die Perlenkette in seiner Rüstung. Es macht „Ratsch!" und die Kette zerreißt. Alle Perlen kullern auf den Boden: „Pling, pling, pling!"

„Wie soll ich denn jetzt im Dunkeln die Perlen wiederfinden?", ärgert sich der Ritter. „Und außerdem kann ich mich mit meiner Rüstung ja kaum bücken!"

Ritter Rosenstolz überlegt. Dann hat er eine Idee. Vorsichtig schlüpft er aus seinen eisernen Schuhen, macht einen Schritt und tastet mit dem Fuß den Boden ab.

Da! Er spürt etwas Hartes unter seiner Fußsohle. Es ist klein und rund. Eine Perle! Rosenstolz macht noch einen Schritt. Diesmal findet er gleich zwei Perlen.

„Prima!", freut sich der Ritter. „Auch wenn ich so wahrscheinlich den ganzen Nachmittag brauche, bis ich alle Perlen gefunden habe."

Mit viel Geduld sammelt er tatsächlich alle Perlen auf. So rettet er seine Ehre und bekommt außerdem noch ein Küsschen von der Prinzessin.

Im Traum können wir fliegen!

Timmi geht schlafen. Wen soll er denn heute mit ins Bett nehmen? Na klar, seinen grünen Stoffdrachen Max. Der braucht zwar ziemlich viel Platz, aber er ist auch schön kuschelig weich.

Timmi kuschelt sich mit ihm unter die Decke. Eine Weile liegen sie so. Dann seufzt Timmi: „Ich bin überhaupt noch nicht müde. Und Schlafen finde ich doof."

„Ich finde Schlafen sehr schön", sagt Max. „Besonders, wenn man zu zweit ist. Wir beide schlafen und träumen. Und im Traum können wir fliegen!"

„Ehrlich?", fragt Timmi. „Ich auch?"

„Ich zeig es dir!", sagt Max. „Mach nur alles genauso wie ich!"

Und wirklich – Max breitet seine Drachenflügel aus und steigt in die Luft! Er fliegt zum Fenster und ruft: „Komm doch mit!"

Timmi zögert nicht lange. Schon breitet er die Arme aus und steigt in die Luft. Er fliegt zum Fenster und ruft: „Da bin ich!"

Max nickt ihm zu. „Also, dann los!"

Hintereinander schweben sie hinaus in die Nacht. Nebeneinander gleiten sie zwischen Himmel und Erde durchs Mondlicht. Ruhig, ganz ruhig.

Oben leuchten die Sterne, unten die Straßenlaternen. Hinter der Stadt liegt der Wald. Hinter dem Wald sind die Berge. Ein sanfter Wind bläst ihnen entgegen und Wolken ziehen vorbei.

Max bewegt seine Flügel, Timmi seine Arme.

„Ich hab überhaupt keine Angst!", jubelt Timmi.

„Warum denn auch?", ruft Max. „Ich bin ja bei dir!"

Sie fliegen und fliegen. Irgendwann werden sie heimkehren. Aber jetzt noch nicht! Noch lange nicht!

Fliegen ist einfach zu schön.

Nachtgespenster

Da war was! Ein Geräusch! So ein unheimliches Knistern.
Tim liegt stocksteif im Bett und hält die Luft an. Er hat es ja geahnt! Im neuen Haus gibt es Gespenster. Bestimmt wird ihm gleich eines die Bettdecke wegziehen. Oder ihn in den großen Zeh beißen. Oder von unten gegen die Matratze klopfen.

Tim krallt sich an seiner Stoffmaus fest. Sie heißt Wuschel und ist normalerweise sehr mutig.

Aber ausgerechnet jetzt hat auch Wuschel Angst. Wuschel schaut mit großen, ängstlichen Knopfaugen auf Tim. Und wenn Wuschel so guckt, ist das kein gutes Zeichen.

Da! Schon wieder! Irgendwo im Zimmer knackst es und die Treppe knarrt. Und jetzt bewegt sich die Türklinke!

Tim zieht sich schnell die Decke über den Kopf. Er hört, wie Schritte immer näher kommen, und dann, plötzlich, zupft es an seiner Bettdecke.

„Mama!", schreit Tim.

„Bin ja da, Tim!", sagt Mama leise. „Ich wollte nur sehen, ob du auch gut schläfst, die erste Nacht in unserem neuen Haus." Sie streicht ihm über die Haare.

74

Tim fängt an zu weinen. „Es ist ein doofes Haus!", schluchzt er. „Da ist ein Gespenst! Es macht Geräusche!"

Mama nimmt Tim fest in die Arme und schaukelt ihn sanft. „Das wäre ja noch schöner!", sagt sie entschieden. „Es ist ganz allein dein Zimmer. Gespenster haben hier nichts verloren! Lass uns mal nachsehen, ob wir es finden!"

Zusammen machen sich Tim und Mama auf Gespenstersuche. Unter dem Bett ist kein Gespenst. Auch nicht auf dem Kleiderschrank. Tim guckt in die Spielzeugkiste und Mama sieht hinter der Gardine nach. Sogar in die Schublade mit den Unterhosen schauen sie.

Tim grinst. „Das wäre schon ein ziemlich blödes Versteck für ein Gespenst", findet er. „Ein Gespenst zwischen all den Unterhosen!"

Wo Mama und Tim auch suchen, ein Gespenst ist nicht zu finden.

„Ist ja schließlich auch mein Zimmer!", sagt Tim. „Zutritt für Gespenster ist verboten! Morgen male ich als Erstes ein Gespensterverbotsschild und hänge es an meine Tür."

Das Gewitter

Frau Feldmaus spaziert durch den Wald.

Da zieht mit tiefschwarzen Wolken ein Gewitter auf. Der erste Blitz zuckt vom Himmel und in der Ferne grummelt der Donner.

Frau Feldmaus läuft schneller. Sie hat es noch weit bis nach Hause.

Zwischen den Bäumen wird es dunkler und dunkler. Man kann den Weg kaum noch erkennen.

Und plötzlich prasselt auch schon der Regen herab.

Frau Feldmaus quiekt vor Schreck und schaut sich hilflos um. Überall nur triefende, tropfende Äste! Sie kann sich nirgendwo unterstellen. Verzweifelt senkt sie den Kopf und rennt weiter.

Plötzlich hört sie von irgendwoher eine Stimme: „Frau Feldmaus! Hallo, Frau Feldmaus!"

Wer ruft da? Frau Feldmaus bleibt stehen und blickt sich um.

„Hier bin ich, Frau Feldmaus! Hier unter der Buche! Dritte Wurzel von links."

Ah, da! Was für ein Glück! Gar nicht weit entfernt steht Frau Waldmaus und

winkt. „Kommen Sie doch, Frau Feldmaus! Treten Sie ein! Immer rein in die gute Stube!"

Das lässt sich Frau Feldmaus nicht zweimal sagen.

Bald sitzt sie mit Frau Waldmaus in der trockenen Wohnung.

„Nett haben Sie es hier!", sagt Frau Feldmaus und rubbelt sich mit dem weichen Handtuch, das Frau Waldmaus ihr gegeben hat, das tropfnasse Fell. „Ich bin Ihnen wirklich sehr dankbar, dass Sie mich hereingebeten haben."

„Ach, das war ganz in meinem Sinne", erwidert Frau Waldmaus. „Ehrlich gestanden habe ich ein bisschen Angst vor Gewitter. Ich bin immer froh, wenn ich bei Blitz und Donner nicht alleine sein muss. Wenn Sie Lust haben, können wir zusammen Abendbrot essen."

Frau Feldmaus hat große Lust!

Also serviert Frau Waldmaus bald darauf frische Speckpfannküchlein und klitzekleine Käsebrötchen. Sie freut sich, dass es Frau Feldmaus schmeckt.

Es gibt nichts Besseres, als bei Gewitter in netter Gesellschaft im Trockenen zu sitzen und auch noch etwas Leckeres auf dem Teller zu haben.

Krokodilszauber

Ich will nicht ins Bett!" Lina stampft mit den Füßen auf und weint. „Unter meinem Bett wohnt ein Krokodil. Da schlaf ich nicht. Ich hab Angst!"

Papa erklärt es ihr wieder und wieder: „Krokodile leben in Afrika, nicht unter Kinderbetten. Komm, wir schauen mal unter dein Bett. So, siehst du! Da ist kein Krokodil."

Aber Papa kann reden, was er will, unter dem Bett wohnt doch ein Krokodil! Lina weiß es ganz genau! Sobald Papa das Licht ausmacht und aus dem Zimmer geht, ist es da. Es hat spitze weiße Zähne und knabbert an Linas Bett. Sie spürt doch jede Nacht, wie das Bett wackelt, wenn das Krokodil sich satt frisst. Es ist eben ein unsichtbares Krokodil.

Linas großer Bruder David kommt ins Zimmer.

„Was hör ich da, du hast ein unsichtbares Krokodil unter deinem Bett?", fragt er erstaunt. „Oh, oh, oh, da müssen wir aber dringend etwas unternehmen!"

Lina atmet auf. Endlich einer, der die Sache mit dem Krokodil ernst nimmt.

David schickt erst mal Papa aus dem Zimmer und schließt die Tür. „Das ist eindeutig ein Fall für große Brüder!", erklärt er entschieden.

Und dann sitzen Lina und David auf dem Bett und überlegen, wie sie das unsichtbare Krokodil vertreiben könnten.

„Also, wenn ich dir einen Tipp geben darf, Lina", beginnt David, „Krokodile sind große Angsthasen!"

Lina traut ihren Ohren nicht. Was erzählt David da? Wovor sollten Krokodile denn Angst haben?

„Wir müssen herausfinden, wovor sich dein unsichtbares Krokodil fürchtet", erklärt David weiter. „Dann können wir es auch vertreiben."

„Ich glaube, es fürchtet sich vor Licht!", meint Lina. „Sonst würde es nicht unter dem dunklen Bett wohnen. Und es hat Angst vor Lärm, sonst würde es nicht nur kommen, wenn es ganz still ist in meinem Zimmer. Und vor Geistern hat es auch Angst."

David nickt die ganze Zeit. „Gut, sehr gut!", sagt er dann. „Sag mal, hast du dir auch schon überlegt, warum dieses Krokodil ausgerechnet die Holzbeine von deinem Bett anknabbert? Das kann doch unmöglich

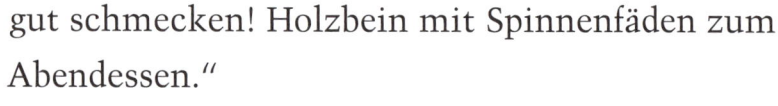

gut schmecken! Holzbein mit Spinnenfäden zum Abendessen."

Lina lacht. „Dummes Krokodil!"

Da hat David eine Idee. Sie werden das Krokodil ganz fürchterlich erschrecken und für immer vertreiben.

Auf Zehenspitzen schleichen die beiden Verschwörer ins Badezimmer.

Papa traut seinen Augen nicht, als die beiden wieder herauskommen.

Lina und David haben ihre Gesichter dick mit weißer Creme eingeschmiert und weiße Nachthemden angezogen. Wie zwei Gespenster schleichen sie zum Kinderzimmer, reißen die Tür auf und rennen schreiend hinein.

David knipst das Licht immerzu an und aus und an und aus, richtig unheimlich ist das.

Lina wedelt gefährlich mit den Armen und springt auf ihrem Bett herum. „So, du dummes Krokodil, verschwinde, raus hier, das ist mein Zimmer!", schreit sie.

Seitdem kann Lina in ihrem Bett wieder prima schlafen, denn das unsichtbare Krokodil ist und bleibt verschwunden. Wie gut, dass es David gibt.

Das faulste Faultier aller Zeiten

Eines Tages wollten die Faultiere wissen, wer denn der Faulste unter ihnen war. Deswegen machten sie eine Faulheits-Olympiade. Und alle machten mit! Die erste Disziplin war Dauergähnen: Uaaaahhh! Es wurde so herzhaft und lange gegähnt, dass auch alle anderen Tiere des Waldes gähnen mussten! Aber die Faultiere gähnten natürlich am dollsten. Und nur die Besten durften weitermachen: Sie mussten sich nach Faultierart in die Bäume hängen und durften sich nicht rühren. Wer nur mit den Augen zwinkerte, hatte schon verloren. Am Ende blieb ein Faultier übrig! Doch gerade als es die Goldmedaille bekommen sollte, hörte man ein lautes Schnarchen. Nanu, was war das denn? Unter dem Siegerpodest lag ein kleines Faultier und schlief. Es war doch tatsächlich so faul, dass es gar nicht erst bei der Olympiade mitgemacht hatte! „Das ist nun wirklich das allerfaulste Faultier aller Zeiten!", entschieden die Faultiere. So wurde das kleine, faule Faultier aufs Podest getragen und bekam die Goldmedaille umgehängt. Schade, dass es davon gar nichts merkte, denn es schlief immer noch …

Der kleine Maulwurf

Tief unter der Erde arbeitet der Maulwurf Grabolino. Mit seinen Freunden hat er dort schon zahllose Gänge und Höhlen gegraben.

Nur hin und wieder, wenn man ganz genau hinsieht, kann man auf einer Wiese eine Spur von Grabolino und den anderen Maulwürfen entdecken – wenn ein Maulwurfshügel aus dem Gras ragt.

Gestern Abend aber hat es über der Wiese einen gewaltigen Gewitterregen gegeben.

Das Wasser ist in die Erde gesickert und hat in den Gängen des kleinen Maulwurfs jede Menge Unordnung angerichtet.

Grabolino möchte deshalb ganz schnell wieder gründlich aufräumen. Mit der spitzen Nase voraus sucht er zuerst einmal nach seinem Schlafplatz.

Aber sosehr der Maulwurf auch seine Schnauze in die feuchte Erde bohrt, er kann den kuscheligen Platz einfach nicht mehr finden.

Es hilft alles nichts, hier muss wirklich gründlich Ordnung geschaffen werden! Grabolino legt los und befördert mit seinen Grabschaufeln viele Ladungen Schlamm und Schmutz aus seinem unterirdischen Bau.

Manchmal drückt Grabolino die lose Erde an den Wänden seiner Gänge fest, damit nicht ständig Schmutz von oben auf ihn fällt.

Hin und wieder kriecht er ein Stück rückwärts, um sich an einer Stelle, wo er schon genügend Platz geschaffen hat, ein wenig auszuruhen.

Aber bald buddelt Grabolino wieder tüchtig weiter.

Puh, endlich hat der kleine Maulwurf seine Schlafhöhle gefunden.
Herrscht hier vielleicht ein Durcheinander! Grabolino weiß genau: Er muss
noch einmal an die Arbeit und Ordnung schaffen, erst dann kann er es sich
gemütlich machen. Schnell bringt er alles an den richtigen Platz zurück.

Und endlich, endlich hat der kleine Maulwurf es geschafft. Seine
Schlafhöhle ist wieder ordentlich – und er kann sich ausruhen.

Überraschungsbrot

Heute ist mal wieder so ein Schnell-schnell-beeil-dich-Tag. Paul merkt das schon, als Mama mit Volldampf seine Jalousie hochzieht und sagt: „Guten Morgen, Spatz! Ist schon spät, mach schnell, ja? Was willst du auf dein Pausenbrot haben?"

Verschlafen klappt Paul die Augen auf.

Mama steht vor seinem Bett und wartet auf eine Antwort. „Nun sag schon! Salami, Leberwurst oder lieber Frischkäse?"

„Mir egal!", gähnt Paul. Es ist immer dasselbe! Morgens muss bei Mama alles schnell gehen. Paul soll schnell aufstehen, sich schnell anziehen und schnell frühstücken. Immer nur schnell, schnell, schnell!

Paul mag's aber lieber gemütlich!

Pauls Katze Miezi huscht ins Kinderzimmer. Sie springt zu Paul aufs Bett, schlüpft unter seine warme Decke und rollt sich schnurrend ein.

Paul krault Miezis weiches Fell. Miezi schnurrt und reckt sich und hat Zeit für Paul. Warme, ruhige, gemütliche Kuschelzeit.

„Paul, aufstehen!", ruft Mama jetzt schon zum dritten oder vierten Mal aus der Küche.

Also klettert Paul endlich aus dem Bett und geht ins Bad. Zumindest macht er sich auf den Weg ins Bad.

Aber wie fast jeden Tag kommt er dabei ganz zufällig an seiner Legoburg vorbei. Und wenn da an einer Stelle die Burgmauer eingestürzt ist, muss die natürlich repariert werden. Sonst wären die Burgbewohner ja völlig schutzlos, wenn fremde Ritter angreifen. Die würden die schöne Prinzessin rauben und in eine fremde Burg entführen. Dort müsste sie in der Küche arbeiten und immerzu Kartoffeln schälen, und zu essen bekäme sie nur …

„Leberwurst oder Salami?", ruft Mama aus der Küche.

„Leberwurst", denkt Paul. Wahrscheinlich bekäme die Prinzessin jeden Tag nur Leberwurst. Leberwurstbrot, Leberwurstkuchen und Leberwurst-suppe. Bis eines Tages ein Piratenschiff käme, um die schöne Prinzessin zu befreien.

Pirat Paul ist inzwischen im Bad angekommen und lässt die Seifenschale im Waschbecken schwimmen.

Die Prinzessin winkt vom Waschbeckenrand und weint herzzerreißend: „Rette mich!"

Pirat Paul befiehlt mutig: „Lasst sofort die hübsche Prinzessin frei! Wir haben starke Kanonen. Und wir schießen mit gefährlichem ....“

„Also mit Frischkäse!“, ruft Mama in diesem Augenblick. „Bist du eigentlich schon angezogen?“

Da zieht Piratenchef Paul noch schnell seine Socken an und das T-Shirt und die Kindergartenhose, schnappt sich ein Pferd, reitet die Treppe hinunter und setzt sich an den Frühstückstisch.

Mama schüttelt den Kopf. „Na, wo sind deine Gedanken denn schon wieder?“

Paul schaut auf seinen Teller und muss kichern. Mama hat auf sein Frühstücksbrot mit Schokocreme ein Piratengesicht gemalt!

„Ist schwierig für dich, wenn morgens immer alles so schnell gehen soll, oder?“, fragt Mama. „Ich hab's immer so eilig, ins Büro zu kommen, und du würdest lieber noch ein bisschen träumen. Vielleicht fällt uns ja etwas ein, wie wir das morgens besser hinkriegen könnten.“

Paul denkt nach.

Mama denkt nach.

Und sogar Miezi in ihrem Körbchen denkt nach.

Dann hat Paul eine Idee: Er nimmt eine Scheibe Brot, belegt sie mit Salami und reicht sie Mama. „Das ist mein Pausenbrot für den Kindergarten. Kannst du's mir bitte einpacken?"

Mama ist ganz überrascht. „Was für eine klasse Idee! Ab sofort machst du dein Pausenbrot selbst! Dass wir da nicht schon längst draufgekommen sind!"

Paul lacht. Prinzessinnen retten und Wurstbrote machen – so was kann ein echter Pirat eben.

Die Schmuddelhexe

Neulich wollte ich mal wieder frische Luft schnappen. Ich ging in den Park, aber es war keine einzige Bank mehr frei.

„Darf ich mich zu dir setzen?", frag ich eine junge Mami. Sie schaukelt ihren geblümten Kinderwagen.

„Klar, Oma", sagt sie. Dann schaut sie mich so komisch von der Seite an. Sie hat nämlich gerade die hübschen Senf- und Ketchup-Flecken auf meinem Kleid entdeckt und meine neuen Zwiebelring-Ohrringe.

Ich bin geschmeichelt und bohr ein bisschen in der Nase. Dabei kommt mir ein Pups aus. Es kracht ziemlich. Pumm!

„Ist da ein Reifen geplatzt?", fragt die junge Mami. „Puh – ist das eine schlechte Luft. Wo die nur herkommt?"

Schnell zieht sie ihr Baby aus dem Kinderwagen und schnuppert misstrauisch an seinem Windel-Popo.

„Warte", sage ich zu ihr, ich hab da was Gutes dabei, ein Parfüm", zieh meinen alten Stinkfisch aus der Tasche und wedele mit ihm ein bisschen in der Luft herum. „Das ist ein Düftchen, was?"

„Die junge Mami ist auf der Stelle abgehauen und ich hatte endlich die ganze Bank für mich alleine. Und viel frische Luft, hihihi."

Herr Leckermaul mag süße Sachen

Herr Leckermaul ist ein berühmter Feinschmecker. Seine Zunge ist so empfindlich, dass sie jedes Gewürz und jede Zutat eines Gerichtes herausschmeckt.

Heute ist Herr Leckermaul bei der Köchin Frau Suppenklein eingeladen. „Ein Glück, dass Sie da sind!", begrüßt ihn Frau Suppenklein.

„Sie müssen mir unbedingt helfen! Morgen eröffne ich mein neues Restaurant und ich brauche dringend jemanden zum Testessen. Könnten Sie ein paar Gerichte von meiner Speisekarte probieren und mir sagen, ob Sie den Geschmack mögen?"

„Kein Problem", sagt Herr Leckermaul. „Das mache ich doch gerne."

Frau Suppenklein läuft in die Küche und bringt den ersten Teller. Herr Leckermaul schließt die Augen und probiert einen Löffel voll.

Er kaut langsam und überlegt.

„Hmm. Schokoladenpudding mit Sahne. Lecker! Ist allerdings sehr süß. Vielleicht sollten Sie etwas weniger Zucker verwenden."

Beim zweiten Gericht verzieht er sofort das Gesicht. „Igitt! Die Suppe ist viel zu salzig!"

Aber die Speisekarte von Frau Suppenklein ist lang. Frau Suppenklein bringt ihm ein Gericht nach dem anderen. Nach einer Weile kann Herr Leckermaul nicht mehr.

„Tut mir leid, aber ich kann einfach nicht mehr. Ich bin pappsatt", sagt er und hält sich den Bauch.

„Oh, Sie Armer! Als Dankeschön dürfen Sie von nun an jeden Tag zum Essen kommen!", sagt Frau Suppenklein freundlich.

Waldspaziergang mit Familie Wildschwein

Familie Wildschwein macht gemeinsam einen Waldspaziergang: Mama Wildschwein, Papa Wildschwein und die kleinen Wildschweine Wim, Wum und Wolle. Mama und Papa Wildschwein stampfen mit schweren Schritten durch den Wald

Die drei kleinen Wildschweine hüpfen durchs Unterholz. Erst langsam, dann immer schneller.

„Fangt mich!", ruft das kleine Wildschwein Wim. Wum und Wolle jagen hinter Wim her, immer im Kreis.

Plötzlich bleibt Wim stehen. „Schaut mal, ein Kaninchenloch!", ruft er. „Ob da noch Kaninchen wohnen?" Sofort stecken die drei Wildschweine ihre Rüssel in das Loch und fangen an zu graben.

„Ich glaube, die Kaninchen sind ausgezogen", sagt Wim nach einer Weile. Aber da hat Wolle schon etwas Neues entdeckt. „Kommt her!", ruft er. „Hier ist eine super Dreckpfütze."

Platsch! Schon springt Wolle in die Pfütze. Wim und Wum hüpfen hinterher, und die drei kleinen Wildschweine suhlen sich ordentlich im Dreck.

Als die drei sich eine Weile hin und her gewälzt haben, sind sie von oben bis unten mit Schlamm bedeckt.

„Wie seht ihr denn aus?", fragt Mama Wildschwein und schüttelt den Kopf.

Da kommt plötzlich Wind auf. Er weht immer stärker und rauscht in den Blättern der Bäume.

Die ersten Regentropfen fallen vom Himmel, direkt auf die schmutzigen Rücken der Wildschweine.

Es regnet immer stärker, bis ein richtiger Platzregen auf die Wildschweine hinunter prasselt.

Mama und Papa Wildschwein stellen sich unter eine Tanne, damit sie nicht nass werden. Aber die kleinen Wildschweine finden den Regen klasse.

„Juchhu, es regnet!", grunzen sie und planschen in den Pfützen herum.

Aber da zuckt plötzlich ein Blitz über den Himmel, und die kleinen Wildschweine laufen schnell zu ihren Eltern.

Kawumm! Ein lauter Donnerschlag dröhnt durch den Wald.

Zum Glück zieht das Gewitter schnell vorüber. Der Regen lässt nach.

Und die Sonne kommt wieder heraus.

Die kleinen Wildschweine legen sich auf eine Lichtung im Wald und lassen sich von der Sonne trocknen. Das ist schön warm! Eins nach dem anderen schließt die Augen, und kurze Zeit später sind alle drei eingeschlafen.

Ein Vogel auf Entdeckungsreise

An einem wunderschönen Frühlingstag lässt sich der freche kleine Spatz Kiwitt im warmen Frühlingswind treiben. Er fliegt zwischen weißen Wölkchen hindurch und beobachtet von weit oben, was auf der Erde geschieht.

Kiwitt sieht all die Wiesen und Wälder, Flüsse und Felder, die er schon lange kennt. Und so fliegt der kleine Spatz immer weiter und weiter – bis zu einem hohen Berg, hinter dessen Gipfel er eine unglaublich schöne und aufregende Landschaft entdeckt.

Kiwitt fliegt also gerade ganz fröhlich durch die Luft und genießt die warmen Sonnenstrahlen auf seinen Federn, als er unter sich ein paar kleine Erhebungen sieht. „Was mag das nur sein?", fragt sich der kleine Spatz. Und weil er so neugierig ist, landet er vorsichtig und untersucht die seltsamen Hügelchen.

Kiwitt trippelt von einem Hügelchen zum nächsten, immer wieder hin und her, und betrachtet sie von allen Seiten.

Zuerst pickt er zaghaft und vorsichtig – und dann immer fester hinein.

Doch was ist das? Plötzlich beginnen die unbekannten Dinger zu wackeln und zu zappeln.

Kiwitt ist das ein bisschen unheimlich, und er erhebt sich schnell in die Luft.

Gleich darauf landet der Spatz wieder auf den Hügelchen – und diese lustigen, kleinen Dinger zappeln immer noch.

Kiwitt aber hüpft fröhlich weiter, denn gar nicht weit entfernt hat er zwei noch größere Hügel entdeckt.

„Ob ich da ein bisschen was abknabbern kann?", überlegt Kiwitt.

Er pickt mit seinem Schnabel auf den Hügeln herum, doch als er merkt, dass er hier kein Futter findet, trippelt er schnell weiter.

„Und was ist das?", fragt Kiwitt dann erstaunt. „Das sieht ja fast so aus wie ein gemütliches Nest! Ich muss mal fühlen, ob es hier weich und gemütlich ist. Vielleicht kann ich mich hier ein wenig ausruhen." Kiwitt tastet vorsichtig mit dem Schnabel und dem Köpfchen die warme und weiche Kuhle ab. Hier kann er sich wirklich wohlfühlen. Und schon kuschelt sich Kiwitt gemütlich zusammen und ruht sich aus.

Doch bald möchte der neugierige Spatz seine Erkundungsreise fortsetzen und macht sich gleich wieder auf den Weg. Zuerst geht es nur leicht bergauf, aber schließlich erreicht Kiwitt einen ziemlich hohen Berg.

„Das ist mir viel zu anstrengend!", denkt Kiwitt. „Wie gut, dass ich auch fliegen kann." Und schon flattert Kiwitt los. Er schwebt ganz leicht über den Berg hinweg. Wie gut sich das anfühlt! Kiwitt zwitschert vor Vergnügen fröhlich vor sich hin.

Ein leiser Windhauch streicht durch Kiwitts Federn.

Von hoch oben aus der Luft entdeckt der kleine Spatz ein weites Feld. „Dort muss es schön sein", sagt sich Kiwitt. „Kein einziger steiler Berg, so weit ich sehen kann. Hier will ich noch einmal landen."

Kiwitt hüpft einmal mitten durch das Feld – und dann den nächsten Hügel hinauf.

Doch der Hügel ist steil, und Kiwitt rutscht auf seinem Bauch den Hügel hinunter. „Das ist ja lustig!", lacht Kiwitt und hüpft immer wieder ein Stück hinauf und rutscht zurück.

Dann erreicht Kiwitt endlich sein Ziel: den höchsten Berg der neuen Landschaft, die er erkunden wollte. „Oh, ist das schön!", sagt Kiwitt.

„Hier werde ich es mir so richtig gemütlich machen. Wenn ich mir ein Nest baue, kann ich ein wenig schlafen."

Kiwitt hat sich kaum in sein weiches Nest gekuschelt, als er schon tief und fest schläft und auch im Traum neue Landschaften entdeckt.

In der Hexenküche

In der Hexenküche herrscht ziemliches Durcheinander.

„Heute machen wir einen Haushaltstag", sagt Hexe Mini zu ihrem Hund Bodo. Mini sieht sich kopfschüttelnd um. „Hier ist es ja dreckig wie in einer Räuberhöhle. Zuerst machen wir sauber und dann kochen wir uns zur Belohnung eine leckere Hexensuppe."

„Wuff!", macht Bodo. Hexensuppe ist sein Lieblingsgericht.

„Aber wie ging noch mal der Staub-weg-Hexenspruch?", überlegt Mini. Dann schließt sie die Augen und murmelt:

„Millionen kleiner Staubkörner erheben sich von den Stühlen, der Fensterbank und dem Teppich in die Luft und sammeln sich zu einer großen, dunklen Staubwolke. Und diese Wolke saust einmal quer durch die Küche und dann zum Fenster hinaus."

„Sehr schön", sagt Mini und schaut sich zufrieden um. „Das sieht doch gleich viel besser aus, oder?"

„Wuff!", macht Bodo.

Mini öffnet den Vorratsschrank. „Du hast recht, jetzt wird gekocht. Was brauchen wir alles für die

Hexensuppe? Froschlaich, Zaubernudeln, etwas verhexte Petersilie …"

Die Hexe wühlt im saubergehexten Schrank nach den Zutaten.

Aber was ist das? „Die Etiketten auf den Dosen sind verschwunden", ärgert sich Mini. „Die waren bestimmt so dreckig, dass der Staub-weg-Zauber sie mit dem Staub zusammen weggehext hat. Woher soll ich denn jetzt wissen, was in welcher Dose ist?"

„Wuff, wuff, wuff!", macht Bodo.

„Meinst du?", fragt Mini zweifelnd. „Ich soll die Dosen schütteln? Und dann am Klang erkennen, was drin ist? Ich weiß nicht, ob das geht."

Weil Mini aber auch keine bessere Idee hat, nimmt sie eine der Dosen und schüttelt sie kräftig. Lautes Rasseln ertönt.

„Oh, das ist leicht!", ruft Mini. „Das sind Nudeln!"

Nach und nach beschriften Mini und Bodo die Dosen neu. Das dauert den ganzen Nachmittag und am Abend beschließt die erschöpfte Mini den Staub-weg-Hexenspruch nie wieder zu benutzen!

Der Spatz am Telefon

Es war einmal ein Spatz. Für den gab es nichts Schöneres, als auf den Telefonleitungen zu schaukeln und die Telefongespräche zu belauschen. Er kicherte, wenn Frau Müller sich über ihre Hühneraugen beschwerte, oder zwitscherte leise mit, als die kleine Anna ihrer Oma ein Geburtstagsständchen sang. Eines Tages saß der kleine Spatz wieder einmal dort und lauschte: Es klingelte. „Pizza-Service, Guten Tag."

„Tagchen, ich würde gerne eine Pizza bestellen. Und zwar mit Käse, Pilzen und viel Salami."

„Ach ja", dachte der kleine Spatz, „eine Pizza wäre jetzt nicht schlecht!" Und sein Magen knurrte so laut, dass es in der Leitung brummte.

„Und wohin soll ich die Pizza bringen?", fragte der Pizza-Mann. Doch der andere hatte schon aufgelegt. „Hallo?", rief der Pizza-Mann.

„Hallo!", antwortete da der Spatz schnell. „Bitte bringen Sie die Pizza zum Wald. Und ich habe es mir gerade anders überlegt", zwitscherte der Spatz fröhlich. „Statt Pilze und Salami hätte ich gerne Sonnenblumenkerne!"

„Gerne doch", brummte der Mann ins Telefon.

„Hurra!", jubelte der Spatz, und dann flog er los. Schließlich hatte er ja nicht allzu viel Zeit, um alle seine Spatzenfreunde zum Pizzaessen einzuladen!

Jetzt geht es ins Bett

Zum Abendbrot gibt es Algensuppe, gekochte Möweneier, Butterbrot mit Goldfischschuppen, gebackene Würmer und Pudding mit Meerkirschen. Allen schmeckt es sehr gut. Kein Klecks und kein Krümel bleiben übrig. „So, jetzt geht es aber ins Bett, Melusinchen!", sagt Papa Wassermann.

„Warum?", fragt die kleine Nixe empört. „Ich bin noch kein bisschen müde!"

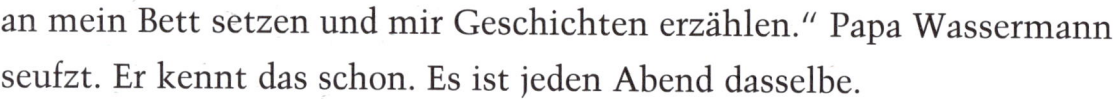

Papa Wassermann lacht. „Das glaube ich nicht! Aber ich glaube ganz sicher, dass deine Freunde nun auch nach Hause müssen."

„Müssen sie gar nicht!", sagt Melusinchen. „Sie sollen sich noch an mein Bett setzen und mir Geschichten erzählen." Papa Wassermann seufzt. Er kennt das schon. Es ist jeden Abend dasselbe.

„Meinetwegen", sagt er. „Ich hoffe, dass die Geschichten dich endlich müde machen!"

„Das weißt du doch!", ruft Melusinchen. „Zum Müdewerden gibt es nichts Besseres als Geschichten erzählen."

Papa Wassermann nickt und die kleine Nixe schlüpft schnell ins Bett. In ihr großes, gemütliches Bett! Da liegt sie weich und bequem. Ihre zwölf Freunde setzen sich darum herum. Jeder hat seinen Stammplatz.

Papa Wassermann kommt noch mal gucken, ob sie auch keinen Unsinn machen, eine Kissenschlacht oder so. Aber alle sind friedlich und brav.

„Dann fangt jetzt an mit euren Geschichten!", sagt Papa Wassermann. Der Reihe nach erzählt jeder eine Geschichte. Solange, bis alle eingeschlafen sind.

Lieber schwarzer Kater

Flixie gähnt genüsslich. Der kleinen Hexe geht es richtig gut. Ihr lieber schwarzer Kater Bärli liegt wie eine Wärmflasche auf ihrem Bauch und schnurrt gemütlich.

„Was ist denn das für einer?", fragt die Oberhexe. „Ein Hexenkater muss fauchen, einen Buckel machen und die Haare sträuben."

Flixie steht empört auf. „Mein Bärli ist lieb", sagt sie. „Er schmust gerne und die Leute mögen ihn."

„Das darf doch nicht wahr sein!", brüllt die Oberhexe.

„Tausch ihn sofort um!"

„Das geht nicht", sagt Flixie trotzig. „Mein Bärli ist der Sohn von einer alten Hexenkatze aus Ägypten. So jemanden tauscht man nicht um."

„Dann schick ihn wenigstens in die Hexenkatzen-Schule!", befiehlt die Oberhexe. „Er muss lernen, die Leute fürchterlich zu erschrecken. Ich mach es ihm mal vor."

Sie nimmt den lieben Bärli hoch. Ihre Augen werden schräg und schillern grasgrün. Kleine Blitze knistern aus ihren gewitterwolkenschwarzen Haaren. Dann schreit sie einen Katzenschrei.

Flixie rieselt es kalt den Rücken hinunter.

Und was tut Bärli?

Der liebe Bärli maunzt freundlich und schleckt zärtlich die lange Nase der Oberhexe.

Da muss sie lachen: „Na gut, mit dir mache ich eine Ausnahme. Du darfst so bleiben, wie du bist, Bärli, freundlich und verschmust."

„Verflixt und zugenäht!", sagt Flixie erleichtert. „Jetzt bin ich aber froh."

Der Gespensterhase

A ls ich noch jung war", erzählt Opa, „bin ich mal einem Gespenst begegnet."

„Einem echten?", fragt Tilo. Opa nickt. „Es war eine stürmische Nacht. Ich hatte mich verirrt. Der Regen prasselte mir aufs Fell, und Blitz und Donner tobten. Da sah ich eine Burgruine. Ich fand ein trockenes Plätzchen unter einem Felsen. Plötzlich machte es: „Uhuhuuu!" Mir standen die nassen Haare zu Berge. Ein Hase, so weiß wie ein Bettlaken, spukte herum.

„Ich hab es satt", jammerte er. „Ich mag kein Gespenst mehr sein."

„Warum nicht?", fragte ich. „Das ist doch sicher spannend."

„Es langweilt mich", heulte der Gespensterhase. „Ein Gespenst kann nichts fühlen, nichts schmecken und auch nichts mehr riechen."

„Das ist allerdings schlimm", sagte ich, „wo's hier doch so gut riecht. Nach Regen und frischer Erde und, schnüffel-schnüffel, nach Zuckerrüben."

„Zuckerrüben?", kreischte das Gespenst. „Wenn's nach Zuckerrüben riecht, bin ich erlöst!" Dann krachte es fürchterlich, und der Gespensterhase verschwand auf Nimmerwiedersehen. Die Burgruine wackelte, stürzte zusammen und war verwandelt."

„In was denn?", fragt Tilo. „In einen Haufen Zuckerrüben", lacht Opa.

„Ja, so war das", sagt Oma zufrieden und leckt sich die Lippen. „Wir haben jahrelang von den Zuckerrüben gelebt."

Groß und Klein

Willst du mit mir spielen?", fragt der kleine Affe.

„Du bist für mich doch viel zu klein", sagt Murmeltier. „Du bist ja noch ein Baby."

„Bin ich nicht", sagt der kleine Affe. „Ich bin schon groß und ich trau mich schon ganz weit weg von meiner Mama."

„Wir können Murmeln spielen", sagt Murmeltier. „Ich bin nämlich der beste Murmelspieler der Welt."

Er holt sein Murmelsäckchen und zeigt dem kleinen Affen, wie man Murmeln spielt. Aber der kleine Affe steckt sie einfach alle in den Mund.

„Klein und unvernünftig, das bist du", schimpft Murmeltier.

„Bin ich nicht", jammert der kleine Affe und spuckt die Murmeln wieder aus. Und dann fällt ihm etwas ein: „Komm, wir spielen Huckepack."

Der kleine Affe hüpft Murmeltier auf den Rücken.

Murmeltier fällt um und kriegt kaum noch Luft. „He, dafür bist du schon zu groß."

Jetzt nimmt der kleine Affe Murmeltier huckepack, rennt mit ihm zur Bergkiefer und klettert hinauf. „Halt dich fest, wir spielen Urwald."

„Uuh, nicht so hoch", schreit Murmeltier. Er zittert richtig und klammert sich fest.

„Fürchtest du dich?", fragt der kleine Affe erstaunt. „Du bist doch schon so groß."

„Ich bin nicht schwindelfrei", stöhnt Murmeltier. „Bitte, bitte, hilf mir wieder runter!"

Das tut der kleine Affe. Und als beide wieder auf dem Boden sind, schüttelt sich Murmeltier und sagt: „Danke, kleiner Affe. Du bist wirklich schon groß und sehr, sehr vernünftig."

Spiele am Abend

Es ist Abend geworden. Die Sonne geht unter und das Meer färbt sich dunkelblau. Kleine Nixen müssen jetzt schleunigst ins Bett.

In Wassermanns Haus brennt schon Licht. Und nun geht ein Fenster auf. Papa Wassermann ruft seine jüngste Tochter: „Trinchen, komm rein! Es ist höchste Zeit, schlafen zu gehen!"

Aber die kleine Nixe hat gar keine Lust, schon schlafen zu gehen.

Sie spielt noch mit ihren Freunden – zwischen den Korallen und Wasserpflanzen rund um ein versunkenes Schiff. Auch unten im Meer sind abends alle Spiele am schönsten.

„Ach bitte, Papa!", ruft Trinchen. „Meine Freunde dürfen die ganze Nacht draußen bleiben. Ich will auch nicht so früh nach Hause!"

Doch Papa Wassermann schüttelt den Kopf. „Es wird Zeit, Trinchen! Komm rein!" Damit schließt er das Fenster und öffnet die Tür.

Also, da ist dann wohl nichts mehr zu machen. Aber die kleine Nixe gibt noch nicht ganz auf. „Papa", sagt sie, „dürfen meine Freunde denn wenigstens noch bei uns Abendbrot essen?"

Papa Wassermann seufzt. Er kennt das schon. Es ist jeden Abend dasselbe.

„Meinetwegen", sagt er. „Ich hoffe, dass alle satt werden!"

„Juchhu!", ruft Trinchen und pfeift auf zwei Fingern. Da schwimmen ihre zwölf Freunde herbei – schwimmen ihr nach, durch die Tür, direkt in Wassermanns Haus.

Balletthäschen

Als ich klein war, wollte ich so gerne ein Balletthäschen werden, im rosa Röckchen und auf der Spitze tanzen und so.

Ich ging jeden Tag auf die kleine, versteckte Waldwiese. Dort übte ich heimlich und tanzte so lange, bis mir die Luft ausging.

Zum Schluss verbeugte ich mich immer tief.

Einmal rief jemand: „Bravo, super, einsame Spitze", und klatschte Beifall. Es war Freddy Fuchs.

Ich bekam die Krise und dachte, gleich frisst er mich.

Aber Freddy wedelte freundlich mit seinem roten Schwanz und sagte: „Tanz noch mal, du süßes Balletthäschen. Es ist so schön, dass man es kaum aushalten kann. Außerdem hab ich gerade Gans gegessen und bin pappsatt."

Das stimmte, denn er hatte einen dicken fetten Bauch.

Freddy Fuchs grinste und sagte dann: „Es wäre viel zu schade, dich mit einem einzigen Happs zu schnappen. Wollen wir Freunde sein?"

Ich nickte.

„Gib mir deine Hand und versprich es!", sagte Freddy.

So ein Gauner! Der wollte mich ja doch schnappen. Nein, so blöd war ich nicht. Ich hielt Abstand, mindestens drei Meter. Freddy Fuchs kam von da an jeden Nachmittag von zwei bis drei, außer donnerstags, wenn ich Blockflötenunterricht hatte, und schaute mir beim Tanzen zu. Es machte ihm viel Freude. Und mir auch.

Baba Yaga

Wollt ihr mal mein Haus sehen?", fragt die Hexe Baba Yaga die anderen Hexen in der Hexenschule. „Ich hab's nämlich dabei." Sie legt ein Hühnerei auf die Wiese.

Zunächst passiert gar nichts, dann knackst das Ei leise und fängt an zu wachsen. Es wächst und wächst und wird so groß wie ein Haus. Es bekommt Tür und Fenster und unten dran Beine, Hühnerbeine! Damit stolziert es auf der Wiese herum und gackert.

Die Hexen johlen und klatschen Beifall. So eine hübsche Idee!

Als sie wieder ruhig sind, erzählt Baba Yaga: „Einmal verirrte sich ein Mädchen in meinen tiefen Wald. Ich mag keine Menschen und wollte es gerade verzaubern, da sagte das Mädchen freundlich: ‚Guten Tag, liebes Mütterchen!'

‚Ich bin nicht lieb', brüllte ich.

‚Hast du denn keine Angst vor mir?'

‚Nein', sagte das Mädchen. ‚Soll ich dir die Haare kämmen? Sie sind so verstrubbelt. Und jetzt noch ein hübsches Kleid, Mütterchen. Was bist du doch für eine tolle Hexe!'

Da wurde ich butterweich. Aber mein Hühnerei-Haus war gar nicht einverstanden mit einer butterweichen Baba Yaga. Es bockte und sprang wild herum. Das Bett wackelte, der Tisch stürzte um, und das Geschirr zerbrach. Da kehrte das Mädchen den Müll aus der Stube, putzte die Fenster und stellte Blumen davor. Es polierte sogar den Messingknopf an der Haustür.

Jetzt war auch mein Haus zufrieden. Es setzte sich in eine Sandkuhle und gackerte leise."

„Verflixt!", lacht die älteste Hexe. „So ein Hexenhaus hätte ich auch gerne."

Der freche Waschbär

Es war einmal ein Waschbär, der kein Waschbär mehr sein wollte, sondern ein richtiger Bär! „Richtige Bären sind groß!", sagte sich der Waschbär. So aß er die doppelte Portion zu Mittag und stellte sich in den Regen, um noch ein Stückchen zu wachsen. Dann ging er zur klugen Eule. „Hallo, Eule!", rief der Waschbär. „Was bin ich?"

Die Eule guckte verwundert: „Ein Waschbär natürlich!"

Mit der Antwort war der Waschbär gar nicht zufrieden.

„Richtige Bären sind stark!", überlegte der Waschbär. Und um stark zu werden, stemmte er schwere Äste, boxte mit seinem eigenen Schatten und machte Bocksprünge über die Fliegenpilze.

„Was bin ich?", fragte er die Eule.

„Ein Waschbär!", antwortete die Eule wieder. Betrübt schlich der kleine Waschbär nach Hause. Da fiel ihm etwas ein! Und schon am nächsten Tag rannte er gleich wieder zur Eule. „Eule, was bin ich?", wollte er wissen.

„Ein WASCHBÄR!", rief die Eule ungeduldig.

„Falsch! Ich bin kein Waschbär: Ich wasche mich nämlich nicht mehr! Und deshalb bin ich jetzt einfach nur noch ein Bär!", rief der Waschbär – Verzeihung: der Bär – und verschwand kichernd im Gebüsch.

Urwaldhasen

Im Urwald liegt eines Tages ein altes hungriges Krokodil mit schlechten Augen und merkt nicht, dass ein kleiner Hase von der gefährlichen Sorte an ihm vorbeispaziert. Das Krokodil packt ihn, wirft ihn in die Luft, sperrt das Maul auf und, wusch, landet der kleine Hase direkt im Bauch vom Krokodil.

Dort war's zappenduster und stinkig, igitt!

Der kleine gefährliche Hase denkt: Wo ist hier der Ausgang? Aber hinten hinaus war's selbst für ihn zu eng und vorne war total zu. Der Hase hoppelt ratlos herum.

„Hör sofort auf damit", sagt das Krokodil. „Sonst krieg ich Magenweh."

Aha, denkt der kleine gefährliche Hase, so ist das, und trommelt mit seinen Hinterbeinen ganz fest im Bauch des Krokodils herum.

„Hör aaaauf!", brüllt das Krokodil mit weit aufgesperrtem Maul, und

der kleine gefährliche Hase hüpft zwischen den tausend Zähnen hinaus ins Freie.

„Ätsch-bätsch. Du hast mich nicht gekriegt!" Da wird das Krokodil so zornig, dass es mit seinem Schwanz auf einen Baumstamm schlägt. Der fällt um und ihm voll auf die Schnauze. Rumms. Da fallen dem Krokodil sämtliche Zähne aus. Es kann in Zukunft nur noch Wasserlinsenbrei schlabbern.

Geheime Schokolade

Wütend knallt Katrin die Wohnzimmertür hinter sich zu. Dieser blöde Linus! Immer gewinnt er beim Würfeln. Das ist gemein!

Zornig tritt Katrin mit dem Fuß gegen die Tür. Sie könnte platzen vor Wut.

Katrin rennt ins Kinderzimmer, wirft sich auf ihr Bett und weint die ganze Wut in ihr Kissen. Bis es richtig nass ist.

„Linus hat bestimmt gemogelt!", schnaubt Katrin in ihr Taschentuch. „Das gibt's doch gar nicht, dass der immer gewinnt!"

Da fällt ihr Blick auf die Kiste, die unter Linus' Bett steht. Linus tut immer ganz geheimnisvoll mit seiner Kiste. Keiner darf reinschauen.

Katrin schleicht zur Tür und horcht. Alles still! Sie zieht vorsichtig die

Kiste unter dem Bett hervor und öffnet sie. Darin liegen ein paar bunte Steine, ein Plastik-Krokodil und eine ganze Tafel Schokolade. Sieht aus wie Vollmilch-Nuss! Mmh, lecker! Katrin läuft das Wasser im Mund zusammen. Vollmilch-Nuss ist ihre Lieblingsschokolade.

Ob man ein Stückchen davon essen kann und dann das Papier wieder so zukriegt, dass es keiner merkt? Ach was! Geschieht Linus ganz recht, wenn er keine Schokolade mehr hat! Der hundsgemeine Würfel-Mogler!

Katrin isst fast die ganze Schokolade auf, stellt die Kiste wieder zurück und kuschelt sich dann mit ihrem Lieblingsbilderbuch in den Sessel.

Aber die schönen Bilder gefallen ihr heute gar nicht. Was ist, wenn Linus entdeckt, dass seine Schokolade verschwunden ist? Die Kiste war doch sein Geheimversteck! Katrin fühlt sich richtig schlecht.

Plötzlich öffnet sich die Tür. Linus kommt rein und lächelt etwas verlegen: „Tut mir leid wegen vorhin! Ich hab gemogelt beim Würfeln. Ich wollte dich ärgern, das war gemein."

Als Linus dann auch noch seine Kiste unter dem Bett vorholt und sagt:

„Ich hab was für dich, damit du dich nicht mehr über mich ärgerst", bekommt Katrin ein noch schlechteres Gewissen. Die Schokolade, die vorhin noch so lecker war, rumort jetzt wild in ihrem Magen.

„Du, Linus, warte mal, ich muss dir was sagen", beginnt Katrin. Sie holt tief Luft und nimmt all ihren Mut zusammen. „Ich hab dich auch geärgert. Ich hab nämlich deine Schokolade gegessen!"

„Wieso, woher wusstest du … Hast du etwa meine Geheimkiste aufgemacht?", fragt Linus erschrocken. „Das darfst du doch nicht!" Er sieht wirklich böse aus.

Katrin ist ganz still und überlegt, wie sie das wiedergutmachen kann. Wenigstens weiß Linus jetzt, dass sie die geheime Schokolade genommen hat.

Da fällt Katrin etwas ein. „Du kannst meine Geheimtruhe haben. Die kann man abschließen."

Linus lächelt zufrieden und dann essen sie miteinander den Rest der Schokolade auf.

Abschied

Leise knistert die Glut. Das Walpurgisnacht-Feuer ist fast erloschen. Ein Hexenhahn reckt den Hals und will krähen, aber er kommt nur bis „Kiker-", dann hält ihm die Oberhexe den Schnabel zu. „Das würde dir so passen. Aber die Nacht ist noch nicht zu Ende. He, Feuerhexe, hast du uns vergessen?"

Die Feuerhexe sprüht Funken. „Hab ich nicht. Gleich könnt ihr was erleben!"

Da ist die Oberhexe gespannt und die anderen auch.

Die Feuerhexe wirft ein paar Kichererbsen in die Glut. Sie kichern, knallen und prasseln. Dann kommen die dicken Donnerschläge. Bumm, wie das kracht! Jetzt wirft die Feuerhexe bunte Strohblumen ins Feuer. Sie schießen mit Getöse in den Himmel und flammen zu riesigen Blüten auf.

Wunderbar! Die Hexen sind entzückt. Die Feuerhexe schnippt dreimal mit den Fingern und die Feuerblumen schweben zu den Sternen. Da lacht die Sternchenhexe und der Mond dreht sich für sie im Kreis.

Hui, jetzt springen alle Hexen auf ihre Besen und fliegen ums Feuer. Es leuchtet rot und blau und grün. So eine Pracht! Heißa, Walpurgisnacht!

Der Hexenhahn hält es nicht mehr aus: „Kikeriki!", krächzt er.

„Die Sonne, die Sonne", rufen alle. „Schnell in die Betten!"

Die Hexen sausen in verschiedene Richtungen davon und bald sind sie nicht mehr zu sehen.

Quellenverzeichnis

S. 102–103, 110–11
Leicht veränderte Auszüge aus: Ingrid Uebe, *Träum schön, kleine Nixe*
Farbig illustriert von Sigrid Leberer
© 2001 Loewe Verlag GmbH, Bindlach

S. 36–37, 66, 81, 100–101, 116–117
Leicht veränderte Auszüge aus: Julia Boehme, *Lach mit uns, kleiner Bär*
Farbig illustriert von Sven Leberer
© 2000 Loewe Verlag GmbH, Bindlach

S. 21–22, 30–31, 56–57, 64–65, 106–107, 112–113, 118–119
Leicht veränderte Auszüge aus: Ingrid Kellner, *Geburtstag bei Familie Hase*
Farbig illustriert von Ute Krause
© 1998 Loewe Verlag GmbH, Bindlach

S. 58–63, 108–109
Leicht veränderte Auszüge aus: Ingrid Kellner, *Die Freunde von der Arche Noah*
Farbig illustriert von Pieter Kunstreich
© 1999 Loewe Verlag GmbH, Bindlach

S. 23–26, 88–89, 104–105, 114–115, 123
Leicht veränderte Auszüge aus: Ingrid Kellner, *Trixis erstes Hexenfest*
Farbig illustriert von Regine Altegoer
© 1998 Loewe Verlag GmbH, Bindlach

S. 82–83, 94–97
Leicht veränderte Auszüge aus: Johanna Friedl,
Tanz mit auf der Blumenwiese
Farbig illustriert von Vanessa Paulzen
© 2005 Loewe Verlag GmbH, Bindlach